江南民间儿歌与儿童教育

Jiangnan Folk
Children's Songs and
Children's Education

李桂枝 等 著

浙江大学出版社
·杭州·

图书在版编目（CIP）数据

江南民间儿歌与儿童教育 / 李桂枝等著. — 杭州：浙江大学出版社，2021.6
 ISBN 978-7-308-21438-4

Ⅰ.①江… Ⅱ.①李… Ⅲ.①儿歌—学前教育—教学参考资料 Ⅳ.①G613.2

中国版本图书馆CIP数据核字(2021)第106228号

江南民间儿歌与儿童教育
JIANGNAN MINJIAN ERGE YU ERTONG JIAOYU

李桂枝 等著

策划编辑	朱　辉
责任编辑	朱　辉
责任校对	葛　娟
封面设计	春天书装
出版发行	浙江大学出版社
	（杭州市天目山路148号　邮政编码310007）
	（网址：http://www.zjupress.com）
排　　版	杭州晨特广告有限公司
印　　刷	广东虎彩云印刷有限公司绍兴分公司
开　　本	787mm×1092mm　1/16
印　　张	10.75
字　　数	236千
版 印 次	2021年6月第1版　2021年6月第1次印刷
书　　号	ISBN 978-7-308-21438-4
定　　价	32.00元

版权所有　侵权必究　印装差错　负责调换

浙江大学出版社市场运营中心联系方式：0571-88925591；http://zjdxcbs.tmall.com

序

  我们说到"江南"这个词时,人杰地灵、物产丰饶、气象开明等成语便自然从心头涌起。正如元代胡用和的《粉蝶儿·题金陵景》所言:"人稠物穰景非常,真乃是鱼龙变化之乡。"在我国历史发展的长河中,江南的政治、经济、文化、生活等方面,在不同的历史阶段都如江南独特的自然美景一样,留下让人无法忘却的浓墨重彩的一笔。这浓重、长长的历史一笔,在历代流传下来的江南民间儿歌中都有着或多或少的呈现。从《诗经·风》中,我们知道早在先秦时期就有以民间歌谣来表现各地风土人情的传统。江南民间儿歌不仅在音乐本体上反映了地理与音乐的深刻关系,在歌词内容中也体现出了地理与语言千丝万缕的联系。一方水土养育一方人,这一方江南水土包含着江南特色的自然山水以及由其孕育出来的江南人文景观,成就了这方江南人。

  历史的浪花拍打到21世纪的今天,城镇化、交通快速化、信息传递高速化、社会文化发展趋同化,越来越使得今天的我们不断远离故乡、模糊故乡,很难确定自己到底是哪里人、来自何方。我们住着以前难以想象的夏凉冬暖的高楼洋房,吃着以前梦寐以求或见所未见的食物,穿着各式各样材质款式的衣服,千里之外即日可达,而且可以越洋即时语音、视频,仿佛地球就是一个大村庄。物质丰富使我们变得奢侈,科技的高度发展使我们生活变得便利,看似繁荣、发展、前进,为何我们的心灵却感到失落?其中的缘由也许很多,但对故乡精神文化环境记忆的消解应该是重要的方面。儿时和小伙伴用方言边念着、唱着儿歌边游戏的情景还有吗?放学路上在大树下看蚂蚁、跳牛皮筋的记忆是否依然?月光下数着星星听故事、听摇儿歌的美好还能存在吗?

  儿童是成人之先、成人之父,著名儿童教育家蒙台梭利在《有吸引力的心灵》中说:"儿童不是事事依赖我们的呆滞的生命,好像他是一个需要我们去填充的空容器,不是的,是儿童创造了成人;不经历童年,不经过儿童创造,就不存在成人。"儿童的世界纯洁、无暇、率真、果敢。有人说,当父母生出孩子那刻开始,孩子也生出了父母。因为,从那刻开始,正是孩子让他们成为了父母。从此,孩子对父母(成人)的生活方式(包括起居饮食、言行方式)、心理品质(包括情绪情感、脾气个性)、思想观念(包括教育理念、人生观、价值观)、思维方式(包括创造力、想象力、观察事物解决问题能力)以及社会关系(包括家庭成员关系、亲戚朋友关系、同事邻里关系,甚至和陌生人的关系)都产生了极大的影响。从一定意义上说,是孩子(儿童)重新塑造了成人,塑造了成人的思想精神世界。可以这么说,孩子是成人的老师,是成人的引路人。但这也有个前提,就是儿童是处于自然生长的情况,没有受到成人环境的污染。放眼当下,儿童生长的生态环境不容乐观。大众传播媒体的高速发展一方面丰富了人们的精神文化生活,但另一方面也屡屡跨出边界侵犯儿童领地,使耳濡目染下的儿童唱着成人的歌,穿着成人的服装,扭动着成人才有的夸张肢体动作。成人世界污染了儿童的生长环境,使得"伪儿童"大量出现,"小大人"层出不穷。这样的儿童

长大后犹如没有经历过儿童阶段,通过"压缩饼干"式的拔苗助长的人生过程,成为缺乏完整人生阶段的"新人类"。

《江南民间儿歌与儿童教育》正是在这样的背景下孕育而生的。作者试图以江南民间儿歌的开发为突破口,把民间儿歌和儿童教育结合起来,找回儿童之所以为儿童的路径,努力达到在当下语境下儿童之所以为儿童的目标,使得儿童长大以后心灵有所安顿、精神有所依托。同时,这一研究也契合时任浙江省委书记习近平在《浙江文化研究工程成果文库总序》中所说:"从区域文化入手,对一地文化的历史与现状展开全面、系统、扎实、有序的研究,一方面可以藉此梳理和弘扬当地的历史传统和文化资源,繁荣和丰富当代的先进文化建设活动,规划和指导未来的文化发展蓝图,增强文化软实力,为全面建设小康社会、加快推进社会主义现代化提供思想保证、精神动力、智力支持和舆论力量;另一方面,这也是深入了解中国文化、研究中国文化、发展中国文化、创新中国文化的重要途径之一。如今,区域文化研究日益受到各地重视,成为我国文化研究走向深入的一个重要标志。"[1]

《江南民间儿歌与儿童教育》把弘扬优秀地方传统音乐文化与关乎国家未来的儿童发展作为研究视角,既脚踏实地、回望传统,又仰望星空、指向未来,体现了研究者的学术期望和学术责任。期待我们的文化绵延不绝、万古长流!

李 成

2021年6月于杭州

---

[1] 陈永昊.浙江文化研究工程概览(一)[M].北京:研究出版社,2006:1-2.

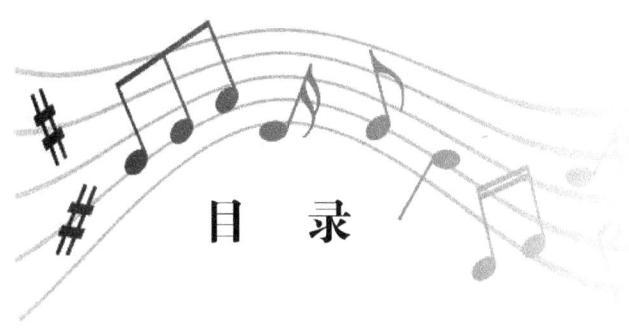

目 录

第一章　江南自然、人文环境与民间儿歌区域分布　/ 001
　　第一节　江南自然环境、人文环境　/ 001
　　第二节　江南民间儿歌的区域分布　/ 008

第二章　江南民间儿歌的历史脉络与音乐本相　/ 011
　　第一节　江南民间儿歌的历史脉络　/ 011
　　第二节　江南民间儿歌的音乐本相　/ 016

第三章　江南民间儿歌的学前教育价值　/ 060
　　第一节　江南民间儿歌在学前教育中的审美价值　/ 060
　　第二节　江南民间儿歌在学前教育中的伦理价值　/ 067
　　第三节　江南民间儿歌在学前教育中的认知价值　/ 072

第四章　江南民间儿歌在学前教育中的实践　/ 079
　　第一节　民间儿歌在家庭亲子活动中的实践　/ 079
　　第二节　民间儿歌在幼儿园教育活动中的实践　/ 085

第五章　江南民间儿歌在特殊儿童教育中的应用　/ 102
　　第一节　特殊儿童概述　/ 102
　　第二节　江南民间儿歌对于特殊儿童的意义　/ 105
　　第三节　江南民间儿歌在特殊儿童教育中的实践　/ 109

参考文献　/ 124

附录　江南民间儿歌相关谱例　/ 125

后记　/ 165

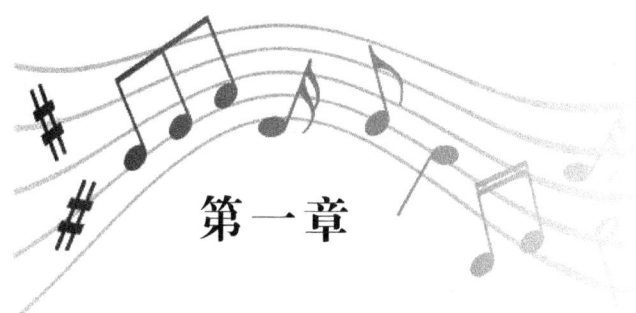

第一章

江南自然、人文环境与民间儿歌区域分布

江南,从字面意义看就是长江以南,广义的江南包括上海、江苏、浙江、安徽、江西、湖北、湖南六省一市的广大地区。这个意义上的江南面积广大,地貌丰富,常被看作是"大江南"。历史上江南的四大米市、三大名楼均在这个大江南的范围内。该区域还包括著名的三山(黄山、庐山、衡山)、三江(钱塘江、赣江、湘江)、三湖(太湖、鄱阳湖、洞庭湖)。而狭义的江南则指的是长江下游以南地区,即上海、苏南、浙北、皖南、赣东地区。

从古至今"江南"一直是个不断变化、富有伸缩性的地域概念,以往对江南地域的界定,学界主要有两种意见:一是依照行政区划;二是依据自然条件。从行政区划的角度来看,历史上最早以江南为地名的是唐朝贞观年间的江南道,这是一个大江南的地理概念,囊括今天的长江以南,南岭以北,西起川、贵,东至大海的广大地区,也即长江以南的半个中国;历史上最迟称为江南的地名则是清朝顺治年间的江南省,辖区包括今江苏、安徽、上海。以自然条件为依据,所据理论为美国学者施坚雅的地域即河川流域,江南研究学者如李伯重、周振鹤等将太湖作为江南河川流域的中心,认为长江以南的环太湖地区就是江南,至于其范围究竟有多大则存在分歧。近现代以来,尤其是改革开放以后,江南已突破行政的边界,东靠大海,怀抱太湖,在长江下游形成包蕴沪苏浙皖的长三角区域。

"东南财赋地,江浙人文薮。"江浙一带是江南的核心区域,人杰地灵,物华天宝,自古多出才子精英。杭州、嘉兴、湖州、苏州、无锡、上海等地,水道纵横,雨水充沛,光照饱满,稻田密布,鱼米之乡、丝绸之府便是这一带的美称。自然环境和人文精神的塑造总是息息相关,大自然给了这里富饶,也给了这里的百姓以智慧和勤奋,耕读传家、家国情怀便成了多数江南人的追求。这种自然地理环境带来的人文风貌,不仅体现在江南的成人文化中,也彰显在江南的儿童文化里,世代承袭,形成了让人向往的一方人文环境。

第一节 江南自然环境、人文环境

《辞海》中"江南"条释:"地区名。泛指长江以南,但各时代的含义有所不同:春秋、战国、秦、汉时指今湖北的长江以南部分和湖南、江西一带;近代专指今苏南和浙江一带。"自唐以降，江南的名称虽历经变化，但从总体上看，区域范围逐渐缩小至江、浙一带，并褪去了行政色彩而作为自然、经济、文化的含义存在。明清以来，人们习惯所称的江南主要指"八府一州"——苏州、松江、常州、镇江、应天（江宁）、杭州、嘉兴、湖州八府以及由苏州府划出的太仓州，也就是现今浙江北部、江苏南部、上海这一地理区域，包括长江以南太湖流域附近的南京、镇江、常州、无锡、苏州、杭州、湖州、嘉兴、上海等地。

一、自然环境

一方水土养一方人，自然环境在地域文化的形成和发展中具有重要意义。对大江南的自然环境，我们将从地形地貌、气候特征、水文状况、资源状况等方面逐一简介。

（一）地形地貌

江南地区地形复杂，涵盖了平原、丘陵、山地等，且相互交错分布。江南整体地形呈南高北低之势，其北部地势平坦，以平原为主，南部则分布有一些丘陵、山地。

大江南平原，即长江中下游平原，介于东经111°至123°、北纬27°至34°之间，西起巫山东部，东到黄海、东海之滨，北接桐柏山、大别山南麓及黄淮平原，南至江南丘陵及钱塘江、杭州湾以北沿江平原，东西长约1000千米，南北宽100千米至400千米，总面积约20万平方千米；海拔一般在5米至100米，多数地区在50米以下。年均温度14℃至18℃，年降水量1000毫米至1500毫米。

同时，江南多丘陵。江南丘陵是长江中下游以南、南岭以北、武夷山以西、雪峰山以东丘陵的总称。该地域低山、丘陵、盆地交错分布，介于北纬25°至31°、东经110°至120°之间，面积约37万平方千米。盆地、丘陵周围多为海拔1000米至1500米的低山。中生代以来该地区南部抬升，北部断裂沉陷，形成向北倾斜的地势。主要部分可视为湘赣两省毗连处的大洼地，东南西三面均有山地盘踞，区内许多中山和低山均为东北—西南向排列，新华夏构造体系清晰。山岭海拔多在1000米左右，局部可达1500米至2000米。主要山脉有：湘赣交界的幕阜山脉、九岭山、武功山、万洋山和诸广山，浙西的天目山、仙霞岭，闽赣界上的武夷山脉和皖南的黄山等。其中庐山、衡山、黄山、九华山、天目山、井冈山等均为著名旅游胜地。

（二）气候特征

在全国一级气象地理区划分说明中，江南地区指长江至南岭间所含的湖北、湖南、江西、浙江、安徽、江苏、上海和福建北部（从南岭向东延伸）等地。在全国二级气象地理区划分说明中，江南地区则是南北向基本以浙赣和湘黔两条铁路线为界分为南部和北部，东西向基本以江西省东北部与浙江交界的南北延伸线和江西与湖南交界线分为东部、中部和西部。

江南处于亚热带向暖温带过渡的地区，气候温暖湿润，四季分明，是个很适合各种作物生长和人类生存的区域。历史上江南区域的气候并非一成不变。有资料显示，良渚文化在太湖流域发展的突然中断，实际上是与太湖流域地面沉降、降雨量增多以及海平面上升而引发的特大自然洪灾有着直接的因果关系。不少良渚文化遗址如吴江梅堰、袁家埭、大三瑾等的良渚文化层上都普遍覆盖着一层泥炭层,说明此地曾被洪水淹没过。另外,据竺可桢的《中国近五千年来气候变迁的初步研究》一书,中国的气候也有着从暖湿逐步变得冷干的总趋势。但总体上,江南区域的气候变化幅度较其他区域要小。

黄今言主编的《秦汉江南经济述略》一书认为,秦汉时期江南的气候条件具有以下几个特点:一是气温高,日平均温度大于0℃的农耕期、大于5℃的生长期、大于10℃的植物活跃生长期、大于15℃的喜温作物(如水稻)适宜生长期时间长;二是降水丰富,长江、钱塘江以北的年降水量在800毫米至1600毫米,丘陵地区大于1600毫米,为各种作物提供了丰富的水源,且雨热同季。秦汉之后的江南地区,虽然在具体的气候指数上有所变化,但总体上气候温和、雨量充沛的特点变化并不大。

(三)水文状况

江南地区除了降水丰富以外,还有长江和钱塘江两大水系,两者通过运河相互连通。江南地区河道棋布、湖泊众多,有中国著名的三大淡水湖,即江西的鄱阳湖、湖南的洞庭湖、江浙两省的太湖。江南在长期的开发过程中,又兴修了大量的水利工程使河湖相互勾连,如泰伯开泊渎、伍子胥开胥溪、夫差开凿邗沟与江南运河等,所以历来就享有"水乡泽国"的美誉。

洞庭湖自古为五湖之首,是中国水量最大的通江湖泊,古代曾号称"八百里洞庭"。20世纪90年代末,据水利部门测算,面积有2579.2平方千米(一说2740平方千米),如果加上湘、资、沅、澧四水和"长江四口"约1300平方千米洪道面积,两者合计,有3879.2平方千米(或4040平方千米)。湖盆周长为803.2千米,总容积220亿立方米,其中天然湖泊容积178亿立方米,河道容积42亿立方米。洞庭湖也是中国传统农业的发祥地,是著名的鱼米之乡,是湖南省乃至全国最重要的商品粮油基地、水产和养殖基地。[1]

鄱阳湖是长江中下游主要支流之一,也是长江流域的一个过水性、吞吐型、季节性重要湖泊。其湖区面积受季节性影响很大,在平水位(14米至15米)时湖水面积为3150平方千米,高水位(20米)时为4125平方千米以上,但低水位(12米)时仅500平方千米。据2008年水文资料,当水位在22.59米时,湖泊面积为4070平方千米。[2]

太湖位于长江三角洲的南缘,古称震泽、具区,又名五湖、笠泽,是中国五大淡水湖之一,位居第三,横跨江苏、浙江两省,北临无锡,南濒湖州,西依宜兴,东近苏州。太湖湖泊面积为2427.8平方千米,水域面积为2338.1平方千米,湖岸线全长393.2千米。其西侧和西南侧为丘陵山地,东侧以平原及水网为主。

江南丘陵地区地表径流分别通过湘江、资水、沅江、澧水和鄱江、信江、抚河、赣江、修水等河流注入洞庭湖和鄱阳湖,然后北入长江。东北部浙皖边区的山地丘陵与浙赣交界的山地丘陵相连,成为长江和浙闽独流入海水系的分水岭。

(四)资源状况

自然资源是人类可以直接从自然界获得并用于生产和生活的物质与能量,是自然环

---

[1] 李跃龙等.洞庭湖的演变、开发和治理简史[M].长沙:湖南大学出版社,2012:56-58.
[2] 戴星照,胡振鹏.鄱阳湖资源与环境研究[M].北京:科学出版社,2019:21-22.

境的重要组成部分,也是人类赖以生存的物质前提。江南地处长江中下游地区,兼具海域和陆地,有着丰富的自然资源,如动植物资源、矿产资源、水资源、渔业资源等,故被冠以"鱼米之乡""丝茶之府""文物之邦""旅游胜地"等称谓。下面主要介绍江南地区的江苏、浙江两省。

江苏土地资源以平原为主,资源自然属性好,全省平原大都土层深厚,肥力中上,适合耕作业发展。土地利用充分,土地开发利用率较高。沿海滩涂面积超过5000平方千米,约占全国滩涂总面积的1/4。

江苏水资源十分丰富,降雨年径流深在150毫米至400毫米之间,地处江淮沂沭泗五大河流上游,境内河渠纵横,水网稠密,长江横穿该省南部,江水系最可靠的水资源。平原地区广泛分布着深厚的第四纪松散堆积物,地下水源丰富。

江苏地处南北气候过渡地带,生态类型多样,农业生产条件得天独厚,素有"鱼米之乡"的美誉。江苏是我国南方最大的粳稻生产省份,也是全国优质弱筋小麦生产优势区。玉米、花生、油菜及多种杂粮、杂豆等特色粮食作物、经济作物遍布全省,野生中草药材超千种。园艺蔬菜是全省第一大经济作物。地方畜禽种质资源丰富,拥有畜禽遗传资源保护名录品种30个,其中15个被列入国家级畜禽遗传资源保护名录,国家级保种单位数量居全国第一。

江苏海域位于我国海域的中北部、西太平洋沿岸地带的中心,与韩国、日本隔海相望,地理位置优越,战略地位重要,总面积约为3.75万平方千米,共有26个海岛。近海有全国著名的海州湾渔场、吕四渔场、长江口渔场和大沙渔场。

江苏已发现各类矿产133种,其中已查明资源储量的有69种。矿产资源表现为"三多三少":矿产种类多、人均占有少;小型矿床多、大型矿床少;非金属矿多、金属矿少。岩盐、芒硝、凹凸棒石黏土、高岭土、金红石、水泥用灰岩、陶瓷土等是江苏特色和优势矿产。

江苏森林面积156万公顷,林木覆盖率24%,活立木总蓄积量超过9609万立方米。全省累计建成国家森林城市8个,建成全国绿化模范市7个、全国绿化模范县(市、区)39个。

浙江是我国高产综合性农业区,杭嘉湖平原、宁绍平原是著名的粮仓和丝、茶产地,舟山渔场是中国最大的渔场,茶叶、蚕丝、水产品、柑橘、竹制品等在全国占有重要地位。

浙江海洋资源十分丰富。海岸线总长6715千米,居全国首位,其中大陆海岸线2218千米,前沿水深大于10米的海岸线482千米,约占全国的30%。海洋渔业资源蕴藏量丰富,渔业生产能力较高。全省有渔场22.3万平方千米,资源蕴藏量205万吨,其中舟山渔场是我国最大的渔场,也是全球四大渔场之一。海洋能资源类型丰富,蕴藏量巨大。东海大陆架盆地具有开发前景良好的石油和天然气资源,是中国海上油气勘探的主要地区。可开发潮汐能的装机容量占全国的40%,潮流能占全国一半以上,波浪能、风能、温差能、盐差能等开发条件优越。

浙江森林面积9075万亩,其中省级以上生态公益林面积4536万亩,森林覆盖率达60.9%,活立木总蓄积量3.14亿立方米,居全国前列。野生动植物资源丰富,素有"东南动植物宝库"之称。有高等野生植物5500多种,其中52种野生植物被列入国家重点保护野生植物名录。已发现陆生野生动物689种,其中有123种野生动物被列入国家重点保护野生动物名录。

浙江矿产资源以非金属矿产为主。石煤、明矾石、叶蜡石、水泥用凝灰岩、建筑用凝灰岩等储量居全国首位,萤石居全国第二位。

二、人文环境

"江南好,风景旧曾谙。日出江花红胜火,春来江水绿如蓝。能不忆江南?"白居易笔下的江南就像一个摇篮,孕育了独特的江南文化,滋养了温润如玉的江南人,创造了多姿多彩的江南文学。她的美让人如痴如醉,让文人墨客们流连忘返,留下许多华章美文。

江南文化以吴越文化为根基,长期以来形成的文化自觉意识、创造意识,为江南地区形塑了人文地理意义上的整体历史形象。江南文化中的细腻、精致、智慧不仅体现在人们的生活中,更体现在手工艺、园林、戏曲等艺术层面上。

(一)手工艺

江南总是和精致、安逸、柔情等词相关联,下面列举几项江南著名传统手工艺做一窥视。

上海丝绸生产历史悠久,做工精细,花色、种类繁多,样式美观漂亮。采用国画为图案内容的真丝花绸具有浓厚的古意,造型生动,形象逼真。上海丝绸透气、吸湿、凉爽,深受海内外游客的青睐。上海是中国丝绸的重要产地和出口地之一,绸、缎、绫、罗、锦、绉、绒、葛、绨、纺、纱、绡应有尽有,花色繁多。

南京云锦有"寸锦寸金"之称,因其色泽光丽灿烂、美如天上云霞而得名,至今已有1600多年历史。其用料考究,织造精细,图案精美,代表了中国丝织工艺的最高成就,列中国四大名锦之首。南京云锦配色多达18种,运用"色晕"层层推出主花,富丽典雅,花纹浑厚优美,色彩浓艳庄重,大量使用金线,形成金碧辉煌的独特风格。另外,金陵竹雕、金陵折扇、南京剪纸等手工艺品也蜚声海内外。

苏绣是苏州地区刺绣产品的总称,为江苏省苏州市民间传统艺术。苏绣起源于苏州,是四大名绣之一,国家级非物质文化遗产之一。苏绣发源地在苏州吴县一带,现已遍衍无锡、常州等地。刺绣与养蚕、缫丝分不开,所以刺绣又称丝绣。清代确立了苏绣、湘绣、粤绣、蜀绣为中国四大名绣。清代是苏绣的全盛时期,可谓流派繁衍,名手竞秀。苏绣具有图案秀丽、构思巧妙、绣工细致、针法活泼、色彩清雅的独特风格,地方特色浓郁。

杭州的张小泉(剪刀)品牌始创于1628年,是中华老字号,也是刀剪行业中唯一的中国驰名商标。300多年来,历代张小泉的继承者一直恪守"良钢精作"的祖训,工善其事。张小泉刀剪品质出众,使用者争相传颂,后成为宫廷用剪更是名播南北,誉满华夏。

杭州是中国生产折扇的名邑,自古就有"杭州雅扇"之称。杭扇是杭州著名的传统工艺品,历史悠久,制作技艺精湛,扇面装饰优美,与丝绸、茶叶齐名,被称为"杭产三绝"。杭扇以"王星记"所产最有名,作为一家百年老字号扇子生产厂家,其主要产品有黑纸扇、檀香扇、香木扇、白纸扇、绢扇、装饰扇、舞扇等。

湖笔亦称湖颖,被誉为"笔中之冠",与徽墨、宣纸、端砚并称为"文房四宝",是中华文明悠久灿烂的重要象征。2006年,湖笔制作技艺入选国家非物质文化遗产名录。湖笔之乡在善琏镇,当地有笔祖蒙恬庙。相传秦朝名将蒙恬"用枯木为管,鹿毛为柱,羊毛为被(外衣)",发明了毛笔。中国的毛笔起源甚早,而"湖笔"之闻名于世,当在六七百年以前的元朝。元以前,全国以宣笔为最有名气,苏东坡、柳公权都喜欢用宣州笔;元以后,宣笔逐渐为湖笔所取代。据《湖州府志》记载:"元时冯庆科、陆文宝制笔,其乡习而精之,故湖笔名于世。""湖州冯笔妙无伦,还有能工沈日新。倘遇玉堂挥翰手,不嫌索价如珍珠。"[1]人们愿以千金重价求买湖笔,足见其声誉卓著。

(二)园林

江南园林是中国古典园林的杰出代表,特色鲜明地折射出中国人的自然观和人生观。江南园林分为江南古典园林和江南现代园林两种,其中古典园林较为著名。江南古典园林是最能代表中国古典园林艺术成就的一个类型,它凝聚了中国知识分子和能工巧匠的勤劳与智慧,蕴涵了儒释道等哲学、宗教思想及山水诗画等传统艺术,自古以来就吸引着无数中外游人。江南古典园林以江南"四大名园"为代表,即南京瞻园,苏州留园、拙政园,无锡寄畅园。除此之外,上海豫园,扬州瘦西湖、个园、何园,苏州沧浪亭、狮子林,南通水绘园等,也都是江南古典园林的典范。

明清时期,江浙一带经济繁荣,文化发达,在南京、无锡、苏州、常州、湖州、杭州、扬州、太仓、常熟等城市,宅园兴筑盛极一时。这些园林都是在唐宋写意山水园的基础上发展起来的,强调主观的意兴与心绪表达,重视掇山、叠石、理水等创作技巧;突出山水之美,注重园林的文学趣味。苏州园林是盎然诗意,文人雅趣,以建筑读文学;南京园林是在追求建筑之美上,带有皇家色彩与政治意味,多使用方正、肃穆、端庄的布局元素;杭州园林是山水自然的顺畅延续,讲求与环境的交融;扬州园林是雄厚经济实力和盐商务实审美趣味结合的产物。[2]

江南园林受诗文绘画的影响,追求园林的"诗情画意",具有叠石理水、花木众多、建筑典雅朴素的审美特点。尽管江南园林极盛时期已经过去,但现剩余名迹数量仍居全国之冠,其中颇多为太平天国战争之后以迄清末所建。早期园林遗产,如扬州平山堂肇始于北宋;苏州沧浪亭和嘉兴烟雨楼均始建自五代,嘉兴落帆亭始建自宋代,易代修改,已失原貌。苏州留园和拙政园、无锡寄畅园、上海豫园、南翔明闵氏园(清代改称古猗园)、嘉定明龚氏园(清为秋霞圃)、昆山明春玉园(清为半茧园)均建于明代,规模尚在。江南园林以苏州地区保存较好,扬州地区也有相当数量的园林遗留至今。

(三)戏曲

文脉是基础,戏脉则是支流,文脉和戏脉是融合的。在诗词歌赋、戏曲本子里,江南文化总是无处不在。各个时期的诗词和戏曲,都在无形中推动江南文化的发展。江南一带水利资源丰富,湖、江、河水系遍布,人口密集,耕地相对集中,得天独厚的自然环境孕育了

---

[1] 中国人民政治协商会议浙江省湖州市委员会文史资料委员会.湖州文史 第二辑 湖州市特产史料专辑[M].杭州:浙江人民出版社,1985:101.
[2] 郝茹.从水绘园到随园:明清之际江南遗民园林的变迁[D].上海:华东师范大学,2016.

江南人细腻、敏感的心灵。这一地域群体的心理特征必然产生相应的戏曲文化风格,江南的戏曲如越剧、黄梅戏、锡剧、沪剧、昆剧等的唱腔,无不表现为细腻、委婉、缠绵。历史上我国的四大声腔(昆山腔、余姚腔、海盐腔、弋阳腔)中有三个是在江南地区产生的,而其中的一半(余姚腔、海盐腔)又产生在浙江。

"一部戏曲史,半部在浙江。"作为戏曲大省,浙江是南戏的诞生地,是昆剧的复兴地,也是越剧、绍剧、婺剧等著名剧种的发祥地,戏曲文化积淀丰厚,随便探究一个地方剧种很可能就是中国戏曲艺术的一块"活化石"。早在两宋时期,浙江就成为中国戏曲的桑梓之乡。北宋末年,在温州一带诞生了中国戏曲史上第一种较成熟完整的戏剧形式———南戏,又称戏文、温州杂剧、永嘉杂剧等。南戏熔歌唱、舞蹈、念白、科范于一炉,表演一个完整的故事。元代戏曲繁盛发达,在"四大南戏"中就有杭州的《拜月亭》和淳安的《杀狗记》。明代戏曲四大声腔中的海盐腔、余姚腔也源出浙江。新昌调腔是古老的戏曲声腔之一,又名掉腔、绍兴高调、新昌高腔,以新昌为中心流布于浙东绍兴、萧山、上虞、余姚、嵊县、宁海等地。它被认为是明代南戏四大声腔之一余姚腔的唯一遗音。清初,新昌调腔进入全盛期,以杭州为中心向四外流布。戏曲界的专家一致肯定新昌调腔是"中国戏曲的活化石"。最新研究成果表明,调腔是元朝统一后"北曲南移,南腔北上,南北声腔交流"的产物,从产生到如今约有600年的历史。[1] 2006年5月,新昌调腔被列入第一批国家级非物质文化遗产名录。明末清初,浙江戏曲出现了高腔、乱弹、调腔、滩簧等多个戏曲声腔,并逐渐形成婺剧、绍剧、瓯剧、和剧以及湖剧、姚剧、甬剧、越剧等地方戏曲剧种,更有苍南布袋戏、提线木偶戏、皮影戏等多种由艺人操纵玩偶动作共同完成的戏曲形式。

昆曲,又名昆山腔、昆剧,是发源于江苏省、流布于全国的传统戏曲剧种。据明代魏良辅《南词引正》记载,昆山腔为元末顾坚所创。明代嘉靖年间,魏良辅吸收海盐腔、弋阳腔的音乐,予以加工提高,影响逐渐扩大。其后,昆山人梁辰鱼进行了进一步改革,编写了第一部昆曲传奇《浣纱记》,对昆腔的传播起了推动作用。明代万历年间,昆曲出现爆发式发展,发展至万历末期已是"四方歌曲必宗吴门"了。从明代天启初到清代康熙末的100余年间是昆曲蓬勃兴盛的时期,新作不断涌现,表演日趋成熟,行当已经形成,在形式上也完成了从动辄四五十出的全本传奇向生动精彩的"折子戏"的过渡。及至清代中叶,地方戏曲蓬勃兴起,昆曲虽尚活跃在民间结社的自娱性演唱中,但总体上已逐步走向衰微。1921年,具有深远影响的昆曲传习所在苏州创办成立,培养了一批颇具实力的精英人才,但由于时局动荡,最终未能形成气候。新中国成立后,昆曲事业得到振兴,特别是新编昆剧《十五贯》的演出,促进了昆曲的发展。2001年5月,昆曲被联合国教科文组织宣布为第一批"人类口头和非物质遗产代表作",这为昆曲带来了新的生机。

沪剧是上海地方戏曲剧种。清代嘉庆年间,吴淞江和黄浦江两岸农村有山歌,又称东乡调。以后出现滩簧,又称花鼓戏。到同治光绪年间,表演演员有上、下手,成为自奏自唱"对子戏"。1898年,已有艺人流入上海,并固定在茶楼坐唱,称作本滩。1914年,本滩易名为申曲。1927年以后,申曲开始演出文明戏和时事剧。1941年上海沪剧社成立,申曲

---

[1] 王秋华等.新昌调腔[M].杭州:浙江摄影出版社,2008:6.

正式改称沪剧。沪剧是以表演现代生活为主的戏曲,其音乐委婉柔和,曲调优美动听,易于塑造现代的典型环境中的典型人物,具有浓郁时代气息和真情实感的艺术美。2006年,沪剧经中华人民共和国国务院批准被列入第一批国家级非物质文化遗产名录,遗产编号Ⅳ-54。①

江南的自然山水孕育了江南独特的人文精神。江南山川秀美,气候温暖,水域众多,人们普遍较灵秀颖慧,利于艺术创作。在长期的征服江河海洋的过程中,江南人民又养成刚毅的品性,形成心胸旷放、豪迈勇武的气质。江南文化具有突出的崇文特征,社会普遍崇尚文教,重视文化教育。此外,江南文化具有开放性与包容性的特点。在历史发展的各个阶段,江南人都抓住机会,使得江南一方水土获得很好的发展,并常常在社会、经济、文化诸方面起着引领作用。

第二节 江南民间儿歌的区域分布

自成一体的、具有独特的结构与功能的某种区域文化,通常具备两个基本条件:一是区域地理的相对完整性;二是文化传统的相对独立性。②江南的自然环境如气候条件、地形地貌等,作为文化发展的基本规限,锚定了这一区域文化精神的历史走向。说到底,文化精神是与人密切相关的,它体现了这一区域人与自我、人与人、人与自然、人与社会之间的关系。而这种关系具有相对的稳定性和地域性,即保持着一种使之与其他区域相异的独有品质。江南民间儿歌作为江南文化的一部分,自然也保有它自己的特征。但在江南这一区域里,由于语言、生活方式等的不同,民间儿歌在表达上也存在区域分布上的不同。语言是人类最重要的交际工具,人们运用语言交流思想,组织社会生产,传承文明,弘扬文化,推动历史前进。因此,相似的语言表达系统往往使人们的思维方式、生活方式、表达方式具有趋同性。

一、环太湖区域

围绕太湖的上海、苏州、无锡、常州、湖州、嘉兴等地,一直分属不同的行政区,但在历史文化版图上从来就被认为是同一个板块,是"鱼米之乡","苏湖熟,天下足"说的就是这个区域。这片区域自然条件优异、河流纵横、交通便利、资源丰富,人文底蕴厚重,也是美丽、富饶的代名词,上海顾绣、手工棉纺织品,湖州的丝绸、湖笔,无锡太湖三白——白鱼、银鱼和白虾,苏州刺绣,嘉兴南湖菱、粽子等,别具江南风情。此地的民间风俗也极具人文特点,如湖州一带蚕桑业特别发达,有蚕花生日③、烧田蚕、点蚕花灯、望蚕信、谢蚕花、吃蚕花饭、轧蚕花等民俗活动。

---

①茅善玉.沪剧[M].上海:上海文化出版社,2010:3-4.
②刘士林.江南文化与江南生活方式[J].绍兴文理学院学报(哲学社会科学版),2008(1):25-33.
③在十二月十二日蚕花娘娘生日这一天,蚕农们为祈求蚕花丰收,用红、青、白三种颜色的米粉团做成龙蚕、元宝、大公鸡等象形圆子,立"蚕花五圣",以香烛祭拜。(详可参见《浙江风俗简志》第334页)

环太湖地区是吴文化的核心区域,特定的自然环境、人文环境、生产方式,决定了这一区域文化的特质。这一区域温湿多水,河网纵横,使人性柔;种植水稻,养蚕缫丝,生产方式精致细密,使人心细;自古多艺术,南宋以后有"江南人文薮"之称,使人气质文雅。柔、细、雅,可以说是7000年吴文化的个性特征。[①]这一特征在语言、艺术上表现得更为明显。吴侬软语说的就是环太湖区域百姓的日常语言特点;而上海沪剧、苏州弹词、无锡锡剧、湖州湖剧等,无不是曲调清新流畅,唱腔细腻柔美,表演文雅得当,语言亲切柔和。

吴文化柔美却不失大智慧与大眼光。上海是世界一线城市,也是中国金融中心。上海的"海派文化"是在江南传统吴文化基础上,与欧美近现代工业文明融合而形成的。因此,上海"海派文化"既有江南吴文化的古典与雅致,又有国际大都市的现代与时尚。苏州工业园区于1994年2月经国务院批准设立,行政区划面积278平方千米,其中中新合作区80平方千米,是中国和新加坡两国政府间的重要合作项目,被誉为"中国改革开放的重要窗口"和"国际合作的成功范例"。

二、舟山、宁波区域

舟山海域辽阔、以渔业为主,形成了"以海为田"的传统海洋文化。传统海洋文化孕育形成了渔民精神——"四海为家的闯荡精神、勇战风浪的拼搏精神、团结协作的群体精神、开拓进取的创新精神、助人为乐的重义精神、襟怀对外的开放精神等"[②]。作为在海洋文化中成长的舟山海岛人,有一整套关于海洋的生活习俗,如祭拜船关菩萨[③]、海祭、请龙王、谢龙王、起锚拉网吹号子等。舟山人在劳作之余也擅长以舟山儿歌、舟山船拳、舟山渔民画、舟山锣鼓等多种艺术形式展现劳动生产、节庆礼仪以及表达对海洋的情谊。舟山的海洋文化也受到内陆文化——吴越文化的影响。明洪武十九年(1386年)、清顺治十三年(1656年),由于朝廷实行"海禁",舟山百姓两次举岛内迁至宁波一带居住。清康熙二十三年(1684年)朝廷收复台湾、平定东南沿海之后,解除海禁,并允许复垦舟山,舟山百姓才得以返回故土。因为曾内迁至宁波一带,舟山话和宁波话在语音、语调方面非常接近。上海开埠后,大量外地百姓涌入,其中宁波人人数较多,且逐渐拥有一定的社会地位,上海话和宁波话又相互交融影响,在用词及语调上很相似。同时受吴语和吴文化圈的影响,宁波、舟山和上海、苏州、无锡、湖州等地在风俗习惯、语音、语调等方面有较多的相同或相似之处。

三、杭州、绍兴区域

语言是一种生活方式,可以用来传递信息、认同身份、传承文化。人使用一种语言,就是选择了一种生活方式和文化,并以这种文化身份存在。使用同一种语言的人群,往往具有相同的生活方式和文化习俗。

---

① 参见董楚平.吴越文化概述[J].杭州师范大学学报,2000(2):12.
② 王文洪.探讨舟山海洋文化的发展轨迹[J].海洋开发与管理,2008,25(8):123-124.
③ 为祈求出海顺利、捕鱼丰收,每次渔汛出海时,渔民都要在设于渔船后舱、专供船关菩萨的圣堂舱祈福,称为"祝福",鱼汛结束时再次酬谢一次,叫作"散福"。祭品主要有猪头、全鸭、鲜鱼等。(详可参见《浙江风俗简志》第592-593页)

杭州话(这里指的是杭州市区和部分近郊地区使用的地方方言,与大杭州境内其他地区的方言有别)因杭州地处江南,同时相对接近北方官话,所以又被称为江南官话。杭州话被划为吴语太湖片杭州小片,这不仅是出于地理原因,就语言本身来说杭州话也具有吴语的基本特征,但以宋朝统治中心南迁为代表的几次北方移民潮使当地语言系统经历了很大变化,并逐渐在江南地区呈现出特殊性。杭州是浙江省最大的城市,杭州话却是浙江吴语中最小的方言点之一,杭州小片内部语调词汇高度统一,所以也有学者称杭州话为中原在吴语区的语言飞地。

杭州方言受外来影响很大,其中最大的要数宋朝迁都临安。据李心传《建炎以来系年要录》载,从建炎元年(1127年)到绍兴二十六年(1156年)的30年间,进入杭州的北方居民已超过当地原住人口。当时南渡士民带来的以汴梁为主的北方"官话",对南方本地话施加影响,终于使杭州话在语音、词汇、语法等方面起了很大的变化,染上了浓厚的北方话色彩。

到了清朝,杭州湖滨一带驻防着八旗营,而清政府被推翻后八旗营也被解散,数量众多的旗人子弟和随军家属就混入杭州的普通百姓之中。这些旗营中人为了融入本地,也开始学习杭州话,他们浓重的北京"官话"进一步使杭州话受到影响。

对杭州话影响较多的还有以绍兴话(包括萧山话)为代表的临绍方言。杭州与绍兴的依存程度类似上海与苏州,在杭州大部分方言均已北方化的背后,仅存的吴语残留基本上全部来自于绍兴话。无怪乎学界认为杭州方言是"具有吴方言外衣的南方官话"。实际上由于长期以来的人口流动和经济交流,杭州方言受到周边吴语地区的影响也不足为奇。绍兴有句谚语"经济人断勿得杭州路",是说绍兴人到杭州贩卖物品或经商定居的多,而且占据了当时杭州主要的上流社会。杭州也有一句谚语"杭州萝卜绍兴种",就是说有很多杭州人的祖籍在绍兴。

四、江淮区域

根据20世纪80年代中国社会科学院组织编写的《中国语言地图集》,同为江南的南京、镇江不属于吴语区,而是属于官话区(北方方言区)中的江淮官话区。江淮官话区分布在安徽省长江两岸地区,江苏省长江以北大部分地区(徐州一带除外),长江以南镇江以上、南京以下地区以及江西省沿江地带。南京和镇江在地理位置上属于江苏西南部,两地互相毗邻。随着现代社会政治经济的发展,两地的交流日益密切,更为相互融入。两地的方言特点是:词汇大同小异,语法基本上是一致的,语音有些差异,但有规律可循。

长期以来,江苏、安徽两省的江淮方言(江淮官话)隶属于不同的行政区域,以南京、镇江为首的江南地区的江淮官话和以扬州、合肥为首的江北地区的江淮官话并不在同一个行政区域内,但经过历史演变,这些地区的方言类似、文化民俗也相近,形成了明显与北部中原官话区、南部吴语区不同的地域文化,且内部保持着相当的一致性。如本区域流行粉丝,有鸭血粉丝、牛肉粉丝、韭菜粉丝等诸多粉丝菜;整个江淮口味以淮扬风味为代表,甜咸适中,注重本味,汤菜为主。由于江淮官话区与吴语区、中原官话区划归一省,本区域各地多以所处县、市认识自身区域文化,及至近代大量江淮人涌入上海,才有苏北人这一笼统的区域民系概念。

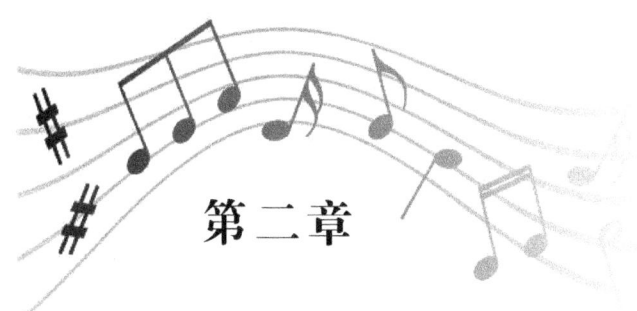

第二章

江南民间儿歌的历史脉络与音乐本相

江南民间儿歌作为江南音乐文化的一个方面,是伴随着江南这块土地的滋养而生发的。江南是中国历史上极为重要的区域,至今仍是经济发达、文化繁荣、人才荟萃之地,可以说在一定程度上决定了中国社会的发展方向和发展速度。长期以来,江南地域文化就一直备受国际学人和社会各界的关注。记录下儿童时期这一人生重要过程的人文精神的江南民间儿歌,和本土整体文化初源息息相关。

第一节 江南民间儿歌的历史脉络

江南既是一个地理概念,又是一个历史文化概念。战国以前,江南的"江"并不是指长江,"吴王起师,军于江北,越王军于江南"(《国语·吴语》),三国时期著名史学家韦昭对其中"江"的注,是"松江也"。秦汉时,对长江下游的江南区域用得最多的称谓则是"江东"。唐以降,两浙逐渐成为中国经济、文化最为繁荣发达之地。盛唐以来,北方战乱较多,而两浙区域受战争影响较小。北宋著名词人柳永说:"东南形胜,三吴都会,钱塘自古繁华。烟柳画桥,风帘翠幕,参差十万人家。"南宋陆游说:"朝廷在故都(开封)时,实仰东南财赋。""苏湖熟,天下足"的谚语就是从宋朝开始在民间流传,"东南财赋地,江浙人文薮"的美名随着历史的发展慢慢响亮起来。

一、文化史中的江南民间儿歌

中华文化源远流长,内涵丰富,包括思想观念、礼仪制度、语言、风俗、宗教、道德、文艺等各个层面。民间儿歌和其他民间艺术一样,是构成中华传统文化的一部分。江南民间儿歌伴随着历史发展过程,依偎在江南独特文化的历史叙事之中,呢喃软语道出江南一方的风土人情。

某一地域层面的民间儿歌研究,容易落入以歌说歌的经验性的表面陈述。在思考如何在深度和广度上尽量保证江南民间儿歌研究水平这一问题时,研究者需要从文化的视角来审视。因此,我们坚持"文化中的音乐(儿歌)"理念,把江南民间儿歌的研究放在文化取向中去理解和把握,并在整个"江南民间儿歌"的研究实践过程中,始终坚持文化人类学意义的观照,以期"江南民间儿歌"的研究成果,能成为"江南文化"整体研究在音乐学、音乐人类学、儿童发展等相互关系考量中的一个突破。

"文化"一词,实在是包罗万象。学界对于文化的理解与界定,分歧很大,往往是"仁者见仁,智者见智"。人们曾经做过统计,全世界从各门学科、各个角度给"文化"下的定义竟有260余种之多。①

词由字建构而成。"文"和"化"在古代本是分而用之,到了战国末年的《易经》中才联用:"观乎天文,以察时变;观乎人文,以化成天下。"有了"文",关键要"化"为精神力量和行动。而将"文化"合成一个词使用的,有西汉刘向的《说苑·指武》:"圣人之治天下也,先文德而后武力。凡武之兴,为不服也。文化不改,然后加诛。"这里的"文化"应该是与"武力"相对,是"德治天下",是用诗书礼乐教化世人的方式。从一开始,"文化"在一定意义上就有"文明"之意,在我国历史上,"文化"具有文治教化、礼乐典章制度的遵循意义,成为儒家思想主流的一部分而世代传承。到了近代,在吸收了西方学术思想以后,"文化"被不断充实,并赋予了新的含义。文化的内涵应包括人类在创造物质财富和精神财富的漫长过程中所积累的一切成果。②这是文化的两分法,即物质文化与精神文化。换句话说,"文化"可以理解为物质财富与精神财富的创造过程。而陈宇京在《三峡传统民歌文化研究》中认为,人类学层面的"文化"概念主要是指人类作为社会存在的时候,以群体的形式相互学习、创建、共享的行为、思想等方面的模式。它既是人类活动的程序,也是人类活动本身,同时也是人类活动过程,更是人类意识形态活动的物化结果。③他强调"文化"是以群体的形式,伴随人类活动整个过程的一切方面,即包含了物质层面、精神层面、行为层面、制度层面乃至深层心理层面的一切活动。

随着社会的发展,人们受教育程度的提高,人们不仅对可观、可感的器物层面、行为层面的文化有所认识,更对非物质层面的人文艺术、精神心理等领域有广泛的文化认可。在此意义上,虽然说文化不能直接改变客观物质世界,但它可以改变人类自身(的精神、心理)。也可以这么说,文化不仅是个人,更是群体(一个单位、一个族群、一个民族)由历史沉淀而成的精神意志、心理习惯,是被共同认可的"集体无意识",同时具有一定程度的稳定性和特殊性。因此,文化具有传承和发展的前提。

江南民间儿歌必定具有江南文化的特征,也是江南文化的一种展示路径,其中优秀的、适宜当下社会的部分,更是值得我们传承和发展的内容。

(一)江南文化的历史沿革

江南文化以吴越文化为基础,舟楫、农耕、印纹硬陶、土墩墓等为其鲜明的标志。吴越文化包括吴文化和越文化,但两者"同俗并土、同气共俗",在历史的长河激荡中交融、流

---

① 佘德余.浙江文化简史[M].北京:人民出版社,2006:2.
② 佘德余.浙江文化简史[M].北京:人民出版社,2006:8.
③ 陈宇京.三峡传统民歌文化研究[M].北京:中国社会科学出版社,2010:15.

变,逐渐形成统一的文化类型。早期吴越文化以尚武逞勇为主流,永嘉南渡后被注入了"士族精神、书生气质",开始成为我国文化中精致典雅的代表。

唐朝中叶开始,江南经济慢慢超越北方,影响力逐步扩大。南宋以来,江南经济文化发展渐渐出现了全国领先的态势,江南文化愈发走向精致。江南地域文化的辉煌在明至清前期臻于极盛。明末人温睿临说:"当明之季,江浙炽盛,衣冠甲第,遍满郊圻,转化枢,秉国钧,翰墨侍从,台省跞济,华盖高轩,鸣驺呵拥于长安道上者,半江浙士也。"清末苏州人张大纯说:"吴俗之称于天下者三:曰赋税甲天下也,科第冠海内也,服食器用兼四方之珍奇,而极一时之华侈也。"明清时期江南享有崇高的政治、军事地位,同时也是当时全国的经济、文化中心。

江南地域自古农副工全面发展,到明中期起形成丝织业、棉织业和刻书印书业三大经济文化商品生产基地。南朝时,《宋书》称,江南"地广野丰,民勤本业,一岁或稔,则数郡忘饥"。由北宋的"苏湖熟,天下足"到南宋的"苏常熟,天下足",都反映了这一地区之于全国的重要地位。江南地域有着全国最大的城镇发展群。康熙时孔尚任说:"天下有五大都会,为士大夫必游地,曰燕台,曰金陵,曰维扬,曰吴门,曰武林。"可见清初全国五大都会,江南占其三。刘大观说:"扬州以园亭胜,杭州以湖山胜,苏州以市肆胜。"江南地区无论是在市镇发展数量还是在市镇繁荣程度上,都是其他地区难以比肩的。社会经济的发展决定了江南突出的赋税地位。嘉靖初年的大学士昆山人顾鼎臣说:"苏松常镇嘉湖杭七府,钱粮渊薮,供需甲于天下。"洪武二十六年(1393年)全国税粮2944万石,江南八府685万石,江南占23.3%,名副其实的赋税甲天下。

江南是文化成就极为璀璨耀目之地。"不识大魁为天下公器,竟视巍科乃我家故物",明清两代,全国七分之一以上的进士诞生在江南。江南进士不但数量多,而且名次靠前,最为显赫,明代状元近四分之一和清代状元半数以上出自江南,三鼎甲往往为江南人囊括。江南为什么出学霸?因其是富庶之地,交通便利、经济繁荣,自宋以来就是文化中心,官办学校与私人书院都十分发达。公元1111年,东林书院创始人杨时学成南归无锡时,老师程颐曾感叹:"吾道南矣!"在江南,"风声雨声读书声声声入耳,家事国事天下事事事在心"(顾宪成撰),激励了古今多少知识分子。

江南文士在追求仕途的同时,充分利用人杰地灵的有利条件,凭着雄厚的经济实力,以其博学多闻、术业专门之长,赋诗填词,作文撰史,写字画画,审音度曲,藏书籍,砌园林,收古玩,使得富庶的江南更加多姿多彩,也使得中华文化更加博大精深、熠熠生辉。

江南地区特有地域文化之下的民间艺术、文学作品、风俗习惯等江南人民在生产与精神上创造出来的成果,亦是江南地域文化资源所特有的一部分。它为江南特有的审美意识形态开创了一个雏形,反映着江南生活风尚与人生志趣。明末李维桢曾经这样形容江南:"奇技淫巧之日甚盛。巾、履、笺、扇之制度递送而来,海内靡然效法之。"可见,江南民众的生活方式与行为习惯,也成了国内其他地区效仿的对象,并形成一股典型的江南地域文化风潮。

(二)江南文化史中的民间儿歌

文化包含艺术,艺术从诞生那天起就和文化相融相成。

音乐和文化关系不是一个先有鸡还是先有蛋的问题。音乐只是文化的一种表述形式,任何表述形式的音乐都是由它的文化因素决定的。其中,不同的社会结构和属性极大地影响音乐的形式和它的内容,也就是说,不同的音乐形式和内容以及行为方式,体现不同的社会的结构和属性。①

我们每个人都经历由婴幼儿、童年再逐渐长大成人的过程,就像人类历史的发展一样,从远古、原始的氏族,直至今日的文明。当人还在咿呀学语的时候,就开始跟着大人学说一些押韵、有节奏的词语和句子;等会开口说话时,则跟着大人学唱一些简单好听的儿歌,念着有趣的童谣,伴随着时间的流逝慢慢长大。可以这么说,自从人类诞生并在地球上生活,就有了文化,也就有了儿歌(谣)。当然,最初时期的儿歌(谣)和目前的儿歌(谣)之间肯定有内在的逻辑发展进阶。

据有关考古实物和资料记载,早在史前时期,浙江先民河姆渡人就已在生活中使用骨哨,即已有了音乐。当史前时代,河姆渡的成人们在吹奏骨哨时,孩童们会有什么反应?他们会干什么?他们能干什么?当时骨哨的使用必定会对孩子们的生活产生影响,虽然没有文字记载,但可以想象,孩子们在骨哨声中兴奋地蹦蹦跳跳、咿咿呀呀。那是不是就是我们现在所谓的儿歌(谣)?或者说,我们现在的儿歌(童谣)是否由此而来?

一般认为,中国现存最早的诗歌是上古时的民歌《弹歌》(又称《作弹歌》),记载于东汉赵晔所撰《吴越春秋》,相传是黄帝时所作。其歌词为:"断竹,续竹,飞土,逐宍(肉)。"

四个词、八个字,全歌言简意赅,十分优美。《中国歌谣集成·浙江卷》主编、浙江歌谣研究专家、浙江省艺术研究所原研究员朱秋枫认为,《弹歌》短短八字,不仅韵律平整,而且包含多种修辞手段。"断竹""续竹"是朴素的排比,更是一种递进,在强调工具(弹弓)的主题材料的同时,也说明了制作过程。"断"和"续"是两个含义相反的词,这里放在一起却是作为"对称"的修辞方式。下段"飞土,逐宍(肉)"不仅动宾搭配恰当,更是一种对偶形式,而且描写非常具有狩猎时的动感、画面感,生动形象。二字、三韵、四句,语言优美,音韵协和,修辞讲究,这首歌堪称吴越古音乐文化的典范,而且其真实性也得到史学界的广泛承认。我们可以换个角度来设想,这是否也是史前古越时期的一首儿歌呢?用竹制的弓,配以泥做的弹丸,来追打动物,这不是和现在孩子们玩的弹弓射鸟一样吗?遗憾的是不知其音调,如果这确实也是首儿歌,那它既体现了劳动狩猎的过程,也表现了过程中的乐趣、童趣。

在江南大地,最早有据可查的儿歌(谣)大概是记于《搜神记》上的《秦时长水县童谣》(长水县即今浙江嘉兴市)了。该童谣有多种记录稿,具有童谣韵味的,还是宋代祝穆《方舆胜览》中所记的最为真切:"城门血,当陷没。"②朱秋枫认为这首秦时童谣是反映东南沿海海进活动的一首地域性的传说歌。

---

① 洛秦.音乐史中的文化与文化中的音乐[M].上海:上海音乐学院出版社,2010:174.
② 朱秋枫.浙江歌谣源流史[M].杭州:浙江古籍出版社,2004:304.

汉时，越地儿歌有了较大发展，歌词内容有了一定的时政表现意义。南朝范晔所撰《后汉书·张霸传》中有如此记述："永元中，为会稽太守。霸始到越，贼未解，郡界不宁。遒移书开购，明用信实，贼遂束手归附，不烦士卒之力。童谣曰：弃我戟，捐我矛，盗贼尽，吏皆休。"两晋陈寿所撰《益都耆旧传》中则记载为："张霸字伯饶，为会稽太守。举贤士，劝请教授，一郡慕化，但闻书声。又野无遗寇。民语曰：城上乌，哺父母，府中诸史皆孝友。"[①]

这是后世歌颂汉时会稽太守张霸的。他整肃吏治，取信于民，平安盗贼，尊儒诵经，淳化民风，荐举贤能，爱民清廉，于是人们通过儿歌童谣来颂扬清廉好官。由此可见，儿歌（谣）具有历史文化价值。

儿歌童谣除了给儿童带来启发与乐趣外，有时候还被成人用来表达他们不方便说的意思。如用儿歌童谣的方式来进行政治宣传，其实就是成人授意，以孩童之口表达而已。最典型的例子就是唐代骆宾王编童谣反武则天："一片火，两片火，绯衣小儿当殿坐。"（张鷟《朝野佥载》卷五："炎以谣言片火绯衣之事白。宾王即下，北面而拜曰：'此真人矣。'遂与敬业等合谋。"）

另一个例子是明末李岩编小儿歌帮助闯王李自成起义。据《明季北略》一书载："岩（李岩）密遣党作商贾四处传言：'闯王仁义之师，不杀不掠'。使小儿歌曰：'朝求升，暮求合（读葛。容量单位，十合为一升），近来贫汉难存活。早早开门拜闯王，管教大小都欢悦。'时比年饥旱，官府复严刑厚敛。一闻童谣，咸望李公子至矣。"[②]明末时期连年旱灾饥荒，官府腐败，官僚对百姓严刑盘剥，造成民不聊生。民众一听这童谣，都盼望闯王的到来，儿歌起到了鼓动人心的作用。

当然，这样的民间儿歌只是少数，大多数民间儿歌还是以表现孩童生活、玩耍为主，体现儿童本身的情趣。在宋末元初之时，有一首珍贵的、儿童用自己的语言表达自己情趣与见闻的儿歌，被记载于清代范寅的《越谚》之上，被称为《氏叭氏叭》歌："氏叭氏叭，新人留牙。安歹过夜，明朝还悟乃。"[③]

这是一首流传于浙江绍兴地区的儿童游戏时唱的歌。几个孩子围成一圈，圈中有一个小孩，头上被盖上手帕类的物件，当作"新娘"，然后大家边跳边拍手边唱此歌。歌中全用绍兴话演唱，"氏叭氏叭"是象声词，像喜乐，"留牙"是留下来的意思，"安歹"即现在的安耽之意，"明朝"即明天，"还悟乃"是送你回家的意思。

类似于这首模仿新人成亲拜堂而成为儿童游戏的歌，至今在浙江有些地方的民间仍有流传，反映了越地的风俗文化。

吴越两地相连，风俗习惯相似。在历史上，有"江南文化始泰伯，吴歌如海源金匮"之说。泰伯南下，把周朝的诗歌和无锡的山歌结合起来，创造出了无数光辉灿烂的吴地山歌、田歌、渔歌、儿歌等。

吴地童谣《啥个虫虫》这样唱道："啥个虫虫嗡嗡嗡，蜜蜂入花嗡嗡嗡。啥个虫虫提灯

[①]朱秋枫.浙江歌谣源流史[M].杭州：浙江古籍出版社，2004：54.
[②]朱秋枫.浙江歌谣源流史[M].杭州：浙江古籍出版社，2004：57.
[③]朱秋枫.浙江歌谣源流史[M].杭州：浙江古籍出版社，2004：304.

笼,萤火夜来提灯笼。啥个虫虫来跳舞,蝴蝶翩翩来跳舞。啥个虫虫吃害虫,蜻蜓低飞吃害虫。"这是一首猜谜问答歌,通过一问一答的游戏形式让孩子对一些常见小动物有正确认知。这也反映了江南百姓对孩子从小进行教育的理念,并且这种教育是通过孩子喜欢的童谣方式进行的。

另一首清代时流行于江南吴语方言区的儿歌《摇啊摇》这样唱道:"摇啊摇,摇到外婆桥,外婆叫我好宝宝。糖一包,果一包,外婆买条鱼来烧。"这首儿歌一般是妈妈唱给小宝宝听的摇篮曲,与其说是小宝宝想外婆,不如说是妈妈在想念故乡、想念自己的童年时光。这首儿歌在吴语各地的版本略有不同,但表达的情感是一样的,既勾勒了妈妈对孩子的关爱,也体现了妈妈对自己童年、故乡的怀念之情,彰显了江南女性爱亲人、爱故乡的细腻深情。

上海童谣言语也同样具有吴地的特点,发音和嘉兴、湖州等地有相似。请想象一个妈妈安慰一个正在哭的小孩,边抱着他边唱《哭烛包》:"一歇(会)哭,一歇(会)笑,两只眼睛开大炮。一开开到城隍庙,城隍老爷哈哈笑。"这比单单讲"宝宝不哭了、乖"有味道、有情趣多了,既体现了妈妈对孩子的爱意,又很好地把上海女性的情趣恰当地表现出来。尤其是上海方言"哭烛包""歇",活泼地展现了上海这方水土的语言趣味。小小童谣充满无穷的魅力。

南京民间也有许多童谣,健康活泼,是儿童童趣、纯真文化的体现。"城门城门几丈高,三十六丈高,骑白马带大刀,走你家城门操一操。不准操,咚咚咚呛……"这是南京最经典的童谣,许多老南京人都会唱,因为举世闻名的南京城墙是他们的骄傲,生活在城墙根下的孩子们不但会唱,而且还会做"攻城门"的游戏。这种游戏参加的人多多益善,其中有两人负责架"城门",其他人空手做出骑马姿势,一只腿在前、一只腿在后,一蹦一蹦地鱼贯而入攻城门。

对于江南民间儿歌在江南文化史中的意义,不再一一列举阐述。儿歌在音乐文化中有其独特的价值,唱儿歌可以知历史、受教育、获兴趣、明风俗,一言以蔽之,儿歌是一种文化形态。文化不是一蹴而就的,文化的延续就形成了人类历史。我们可以通过区域民间儿歌的流变来了解某一区域的历史,了解地方风俗,了解地方人情。从民间儿歌中,我们可以知晓历史之由来,探寻教育之方法,认知当下与未来。从这一角度而言,民间儿歌意义重大。

第二节　江南民间儿歌的音乐本相

民间儿歌从广义的角度讲属于民族音乐,从狭义的范围看属于民歌的范畴。江南民间儿歌除了需要从文化、历史的角度来看待其发展外,还必须从音乐本体的形态方面来做一番剖析,以便于我们更多地对它有理性的把握、积累,从而更好地认识它,进而继承与发扬它。民间儿歌是经过历史长河冲刷而遗存下来的,因此其本身和历史之河就形成了不可分割的互融关系。即某一地域的民间儿歌音乐本体各要素的特征和这一地域的人文、历史、经济乃至儿童发展诸多方面都息息相关,是这一地域人文历史、经济教育等方面的艺术体现。下面我们从江南民间儿歌的本相,即乐段、旋法、调性(式)、节奏(拍)等音乐要素的几个维度做梳理、分析。

一、江南民间儿歌的结构本相

音乐结构本身就是融合了音乐史、音乐美学、技法表征和不同地区人文特征等诸多因素而形成的一种对音乐作品外在形式的认识。音乐结构和音乐内容之间有天然的融洽关系,适宜的结构能让音乐内容的表达更加有力和清晰。音乐中构成独立段落的最小结构是乐段,它能表现完整或相对完整的乐思。它的组成部分是乐句。乐段长短不一,有一句构成的,也有两句、三句构成的,或者是起承转合的四句构成的,当然也可有五句、六句或更多乐句构成的。音乐结构一般有一段体(单乐段)、二段体、三段体、奏鸣曲式、回旋曲式等。

由于歌唱儿歌的主体是儿童,儿童的音域、力度、气息以及认知等与成人有差异,因此,儿歌的结构往往比较短小。江南民间儿歌的结构大多为单乐段,有单句体、两句体、三句体、四句体、五句体、自由体句式等。这些称呼,都是因为歌词的句数而得名(如四句体的歌词有四句)。在我们收集到的江南民间儿歌中,四句体占几乎半数。民间儿歌中不仅有句数多少之别,从曲调的乐段内结构来分析,也有单句变化体、上下句体、起承转合体、自由多句体等多种形式。除此之外,还有一些带有二部性"借景抒情"[①]式的特殊形式,当然这种较大结构的形式在儿歌中不多见。

(一) 单句体(单句变化体)

单句体结构的儿歌,即由一句构成的儿歌。看似由数句结构,但各句的音乐材料均为同一音乐材料(往往为第一乐句)略作变化而构成,这样的结构称为单句变化体,也属于单句体范畴。

谱例2-1:

数 麻 雀

1=♭B 4/4　　　　　　　　　　　　　　苏南地区
中速稍快

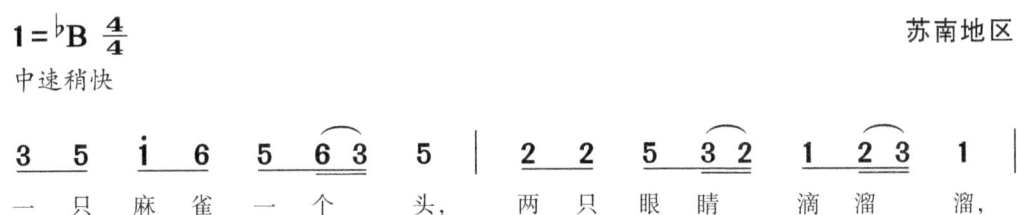

[①] 此处指的是一首儿歌中,前一部分是表达一定具体的内容,后一部分表面看和前一部分完全没有联系,其实是通过后一部分的歌唱体现儿童的心情。如流传在杭州地区的《十只麻雀》。

| 3 3 1̇ 6 5 6̂3̂ 5 | 2 2 5 3 2 6 1̇ 2̇ 3̇ 1̇ ‖

两 个 翅 膀 两 只 脚， 一 个 尾 巴 竖 斜 斜。

（佚名唱、记）

这首歌看似由两句构成，但第二句除了个别音外，均和第一乐句材料相同，因此仍是单句体结构。再如上海儿歌《我们要请一个人》《孙中山活转来》、浙江建德儿歌《虫虫飞》、江苏昆山儿歌《我的好宝宝》都属于单句体结构。

谱例2-2：

我们要请一个人

1=C 4/4　　　　　　　　　　　　　　　　　　　　　　　　上海市区
快速 ♩=108

| 5 5 3 5 1̇ 6 5 | 6 1̇ 3 5 5 3 2 1 ‖

（甲）我 们 要 请 一 个 人， 我 们 要 请 一 个 人。
（乙）你 们 要 请 什 么 人？ 你 们 要 请 什 么 人？
（甲）我 们 要 请 × × ×， 我 们 要 请 × × ×。
（乙）什 么 人 来 同 他 去？ 什 么 人 来 同 他 去？
（甲）× × × 来 同 他 去， × × × 来 同 他 去。

谱例2-3：

孙中山活转来

1=F 2/4　　　　　　　　　　　　　　　　　　　　　　　　上海宝山
中速 ♩=94

| 3 3 2 | 6 1 2 | 3 3 2 | 6 1 2 |

1.咪 咪 来 拉 多 来， 孙 中 山 活 转 来，
2.咪 咪 来 拉 多 来， 孙 中 山 活 转 来，

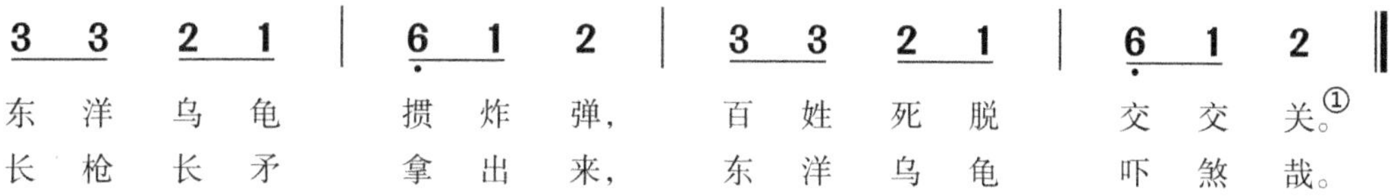

第二章 江南民间儿歌的历史脉络与音乐本相

| 3 3 2 1 | 6 1 2 | 3 3 2 1 | 6 1 2 ‖
东洋乌龟 掼炸弹, 百姓死脱 交交关。①
长枪长矛 拿出来, 东洋乌龟 吓煞哉。

①交交关:很多。

（佚名唱　管兴华记）

谱例2-4:

我的好宝宝

1=♭E 2/4　　　　　　　　　　　　　江苏昆山
慢速

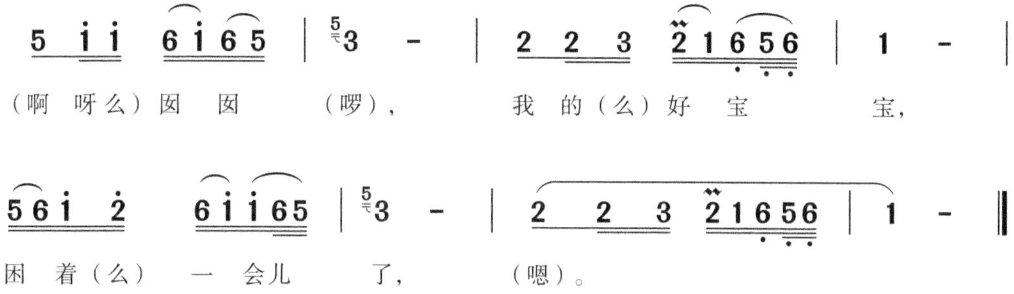

5 1 1 6 1 6 5 | ⁵3 - | 2 2 3 2 1 6 5 6 | 1 - |
（啊 呀么）囡 囡 （啰）, 我 的（么） 好 宝 宝,

5 6 1 2 | 6 1 1 6 5 | ⁵3 - | 2 2 3 2 1 6 5 6 | 1 - ‖
困 着（么） 一 会 儿 了, （嗯）。

（王宝宝唱　张仲樵记）

《我的好宝宝》这首由八小节构成的儿歌为宫调式,除了第二句的三个音外,后四小节的音乐材料和第一乐句完全相同,是对前四小节材料反复而构成的。这首儿歌的结构同样属于单句体范畴。同样结构的还有江苏高淳儿歌《小妹妹觉觉来》。

谱例2-5:

小妹妹觉觉来

1=C 2/4　　　　　　　　　　　　　江苏高淳
慢速

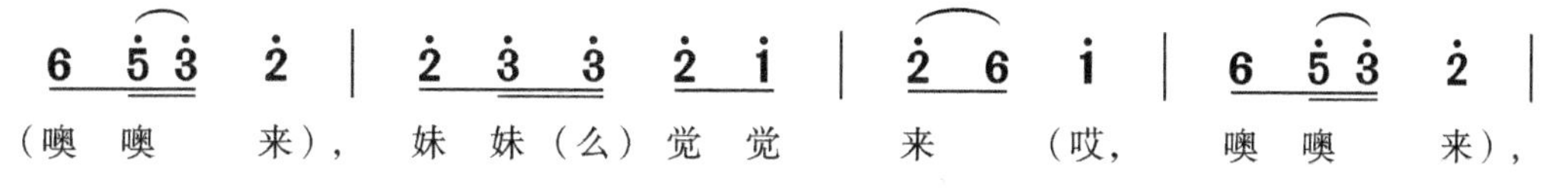

6 5 3 2 | 2 3 3 2 1 | 2 6 1 | 6 5 3 2 |
（噢 噢 来）, 妹 妹（么） 觉 觉 来 （哎, 噢 噢 来）,

$\dot{2}$ 3 3 $\dot{2}$ $\dot{1}$ | $\dot{2}$ 6 $\dot{1}$ 6 | $\dot{1}$ 0 ‖
小　妹妹　觉觉　　（噢　噢）觉　觉　　来。

（吕海妹唱　季存杰、刘明义、孙克秀、肖翰芝记）

（二）两句体（上下句体）

由于贴近日常生活，民间儿歌中短小精悍的两句体较多。上下句体就是一种两句体的对应结构，也叫对答句，往往一问一答、一起一落、一呼一应，在统一中产生对比，具有一种均衡的对称美。典雅的单对应结构是两句方整、等长的并置乐句，常采用变尾重复手法，上句结音常为调式属音，下句结音总为调式主音。[①]但有的儿歌为了产生较好的对比效果、更大的发展力量，上句往往不停留在属音上，而是停留在属音以外的较不稳定的其他音级上，产生一定的对比性，使得音乐更具发展性、流动性。

如浙江建德地区的《顺采茶》，表面看是四句，但仔细分析，它仍属于两句体范畴。

谱例2-6：

顺 采 茶
（茶灯调）

浙江建德

1=G 3/4

中速

1 6 1 3·2 ²₃ | ³₅ 3 2 1·6 1 | 1 3 2·1 6 | 1 2 3 6·5 6 |
三月　里来　茶爆　芽　（呀），姐妹双　双　去采　茶　（呀），

1 6 1 3·2 ²₃ | ³₅ 3 2 1·6 1 | 1 3 2·1 6 | 1 2 3 6·5 6 ‖
姐采　多来　妹采　少　（呀），不论多　少　转回　家　（呀）。

（马小妹唱　洛地、詹轲媛、陈献玉记）

这首歌曲虽然表面看有四句，但第三、第四句和对应的第一、第二句完全相同，只是曲调重复了一次而已。而第一句的结音是do，不是属音，第二句的结音是调式主音la。它是两句体的乐段（2+2），仍然属于上下句的单对应结构。

又如江苏昆山儿歌《小囡囡要觉觉》，这首儿歌前四小节为上句，结束在角音上，后六小节为下句，结束在羽音上，上下两句的结音为属、主关系。

[①]杨瑞庆.对民歌中上下句对应结构的再认识[J].音乐探索，2001（4）：32.

谱例2-7：

小囡囡要觉觉

江苏昆山

1=C
中速

（吭 吭 唠）小囡要 觉 觉（唠， 吭 吭
唠）小囡要 觉 觉（唠 吭 吭 唠）。

（赵雪琴唱　江小麟、刘明义记）

再如江苏昆山儿歌《小人小山歌》，该曲上下句均为四小节，上句结束在商音上，下句结束在徵音上，形成鲜明的上下句属、主结构关系。

谱例2-8：

小人小山歌

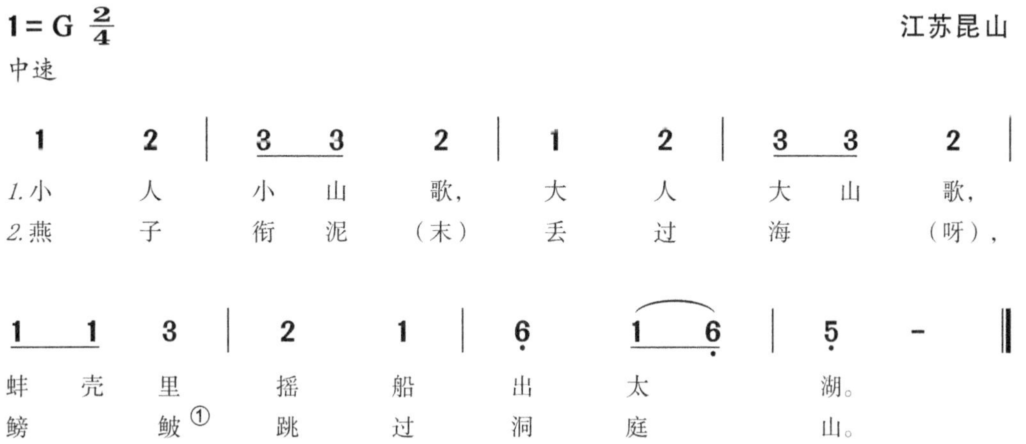

江苏昆山

1=G
中速

1. 小 人 小 山 歌， 大 人 大 山 歌，
2. 燕 子 衔 泥 （末） 丢 过 海 （呀），

蚌 壳 里 摇 船 出 太 湖。
鳑 鲏① 跳 过 洞 庭 山。

①鳑鲏：鱼，生活在淡水中，卵产在蚌壳里。

（佚名唱　丁世玉记）

在江南民间儿歌中，这种单纯的上下句体（也称单对应结构）的属、主关系结构数量不少。

(三)三句体

三句体,顾名思义指的是由三句组成的乐段结构。三句体的三句大多都是反复或者变化再现某一句发展而成,真正三句音乐材料都不相同的三句体很少。这是因为对于儿童而言,三句体如果都是不同的曲调材料,不利于记忆和歌唱。

谱例2-9:

摇摇宝宝要睡觉
（摇儿歌）

1=D 2/4　　　　　　　　　　　　　　　　　　江苏溧阳

慢速

| 6 1 6 5 | ₅3 | 6 1 6 5 | ₅3 | 5 6 1 2 | 5 6 1 2 | 6 1 6 5 | ₅3 | 5· 3 |
| 不 要 吵, | 不 要 闹, | 摇 摇 宝 宝 | 要 睡 觉,（哟）,

| 2 3 5 | 3 2 1 | ₁6̣ - | 6 1 6 5 | ₅3 | 6 1 6 5 | ₅3 |
| 我 的 小 宝 宝, | 睡 着 了, | 睡 醒 了,

| 5 6 1 2 | 6 1 6 5 | ₅3 - | ₅5· 3 | 2 3 5 | 3 2 1 | ₁6̣ - ‖
| 吃 奶 去 困 觉,（哟）, 我 的 小 宝 宝。

（施春唱　晓雨记）

这首流传在江苏溧阳的摇儿歌的第一、第二乐句各由两小节构成,运用了换头合尾的方式,且均结束在角音(属音)上,以属音的方式支持第三句结束音羽音,即调式主音,然后曲调重复一次。因此,儿歌表面看是六句,实则为三句体的结构。

类似的情况还有浙江金华东阳地区流传的《斗鸡鸡》,它也是一首三句体的儿歌(最后扩充有两小节的尾声),每句两小节。第一句和第三句也运用了换头合尾的传统发展手法,第二句是在第一句音乐材料的基础上变化而成。三句结音都是sol,整首儿歌显得非常统一、集中。

谱例2-10:

斗 鸡 鸡

1=C 2/4　　　　　　　　　　　　　　　　　　浙江东阳

中速

| 5 6 3 | 5 5 ³5̣ | 6 ₅3 5 | 3 6 ₅3 | ³5 ₅6 5 0 |
| 斗 鸡 鸡 喂, 鸡 鸡 啼; 斗 虫 虫 喂 虫 虫 飞,

```
6 5̂ 3  3 5  | 6 ⁵₃ 5 0 |  ĩ  ĩ |  ĩ  - ||
斗 只  蝴 蝶    飞 过 溪。    嘟, 嘟,   嘟!
```

这类三句体还有浙江丽水遂昌《蚂蚁大哥》、温州泰顺《呼蜻蜓》、温州永嘉《寻苦珠》等。

(四)四句体

对称结构所形成的对称美,往往是人们所喜欢的。四句体正是由于其偶数对称,并且能较好表现音乐内容、使人获得满足感,所以在民歌包括民间儿歌中较多见。四句体是由四句组成的曲调结构形式,有两种形态,一种是有起承转合现象的乐段结构,另一种是有起承转合现象的复对应结构(在西洋曲式学中称为带再现的单二段体)。当然,在民间儿歌中,第三句的"转"有时候并不是很明显。在江南民间儿歌中,这两种形态的四句体结构形式占大多数,尤其是第二种复对应结构形态的儿歌更是较为普遍。

1.乐段结构

这种乐段结构由四句组成,也称为单乐段结构。这四句的关系一般符合起承转合的发展逻辑。这里的"转"往往体现在节奏、音高、组成句子长短的结构上等。

如温州瑞安的《一根扁担》,四句中第一句和第四句是四小节,第二句和第三句是三小节。第二句结束在la音上而并非主音。第三句曲调节奏相对平稳,同音do的两次出现更是加强了这句的节奏感,使得第三句和前后略显对比效果,并且第三句没有出现另三句中都有的十六分音符的节奏,这也是一种"转"的体现。有趣的是第四句的四小节材料就是第一、第二乐句的部分组合的结果,真正体现了"合"的意义。

谱例2-11:

一 根 扁 担

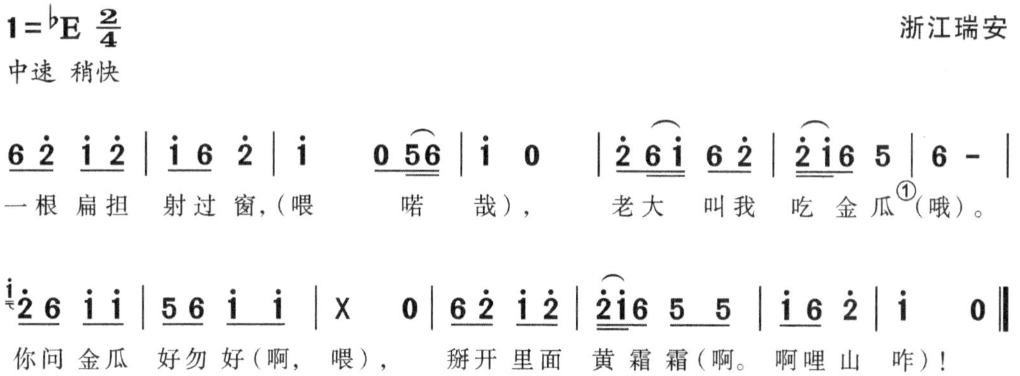

1=♭E 2/4　　　　　　　　　　　　　　　　浙江瑞安

中速 稍快

```
6 2̇ 1̇ 2̇ | 1̇ 6 2̇ | 1̇  0 5̇ 6̇ | 1̇ 0 | 2̇ 6̇ 1̇ 6̇ 2̇ | 2̇ 1̇ 6̇ 5̇ | 6 - |
一根扁担 射过窗,(喂   喏   哉),   老大   叫我  吃 金瓜①(哦)。

1̇ 2̇ 6̇ 1̇ 1̇ | 5̇ 6̇ 1̇ 1̇ | X  0 | 6 2̇ 1̇ 2̇ | 2̇ 1̇ 6̇ 5 5 | 1̇ 6̇ 2̇ 1̇ 0 ||
你问 金瓜 好勿好(啊,喂), 掰开里面 黄霜霜(啊。啊哩山 咋)!
```

①金瓜:南瓜。

(阿顺唱　庄春旭记)

这类四句体乐段结构在浙江湖州安吉《正月兰花草》、台州黄岩《石榴花》、丽水景宁

《黄泥昵崽》等儿歌中均有体现。

2.复对应结构

复对应结构相当于西洋曲式学中的带再现的单二段体,它有两组单对应结构,往往由四句组成,四句的关系一般为a+b+c+b(或a),且第二句和第四句的落音一般在主音上,曲调旋法大致相近。这种结构形态在中国民间歌曲的结构关系中,从结构源上讲,仍属于上下句的复对应关系。

在这类结构中,为了获得一定的曲调对比效果,往往将第二次对应的上句(即第三句)处理成和前后有一定对比性质的形态。

如浙江象山《癫头皮》:

谱例2-12:

①癫头皮:对调皮小孩的昵称。
②拓:擦。
③着急煞:着急,没办法。

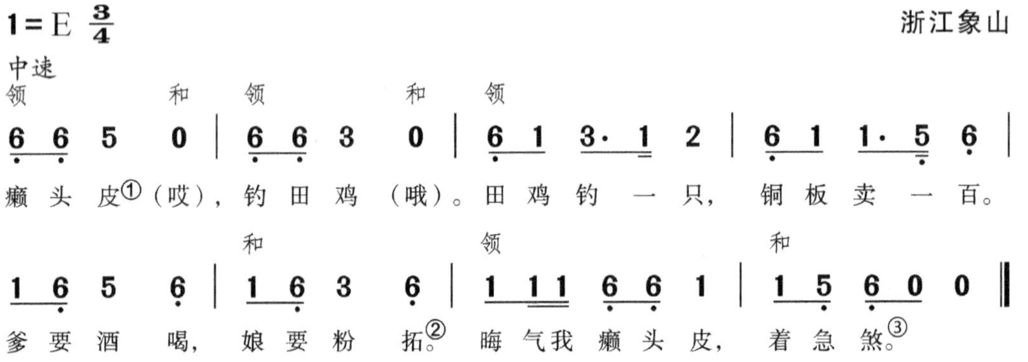

（伊伟伟唱　雷达记）

《癫头皮》这首儿歌一共四句,每两小节为一句。第二句落音在主音la上,第一句和第二句形成了第一次的上下对应关系。第三句旋律出现了八度和五度的上下大跳,在一定程度上显示了对比效果,或说具有一定的转的功能,第三句和第四句形成了第二次的上下对应关系。虽然第三句中的大跳来源于第一句,但明显可以看出,第二次的上下对应比第一次的上下对应具有更强的对比性。这是起承转合现象复对应结构歌曲的一个特征。

再看浙江宁波鄞州儿歌《摇儿歌》:

谱例2-13：

摇 儿 歌

浙江鄞州

1=A 2/4
慢速

（乐谱）

搂 搂（来 呀），搂 搂（啊 来），囡 囡
自 要 困 熟（啊 来）。搂 搂（来 呀），搂 搂（啊
来），囡 囡 自 要 困 熟（啊 来）。

（杨佳玲唱　卢竹音、赵万福记）

《摇儿歌》共四句，四小节为一句，结构相对规整。第一句和第二句、第三句和第四句分别形成两次上下对应关系。第二句落音在主音mi上。第三句与前后的对比主要表现在曲调的走向上。第一、第二句和第四句每句的曲调走向都是从高到低，而第三句的起音和第二句的结音相同，是鱼咬尾的发展手法，且曲调走向是从低到高再从高到低，具有倒v字型走向，形成和前后乐句的区别：

第一句：↘
第二句：↘
第三句：↗↘
第四句：↘

这类复对应结构的四句体儿歌还有很多，如浙江宁海《介呣出门》《介呣尖尖》、温州永嘉《这面山》《介呢做巢》、温州《介呢有翼》、瑞安《金叮当》、金华《青竹仔》、仙居《阿西圆圆》、衢州《喂臭蚁》等。

有的江南民间儿歌的四句体，其第三、第四句是由第一、第二句变化而来，进而显得非常统一。

如上海嘉定《对黄蟹》：

谱例2-14：

对 黄 蟹

上海嘉定

1=D
中速

2/4 3 3̲ 5̲ 6̲ 6̲· | 6̲ 1̲ 1̲ 6̲ 5 | 6̲ 6̲ 5̲ 3̲ 6̲· | 5 5̲ 3̲ 3̲ 2̲· |

1.我 唱 山 歌 来 问 告， 一只 黄 蟹 几只 螯①？
2.我 唱 山 歌 对还你 告， 一只 黄 蟹 二只 螯，

3̲ 3̲ 5̲ 6̲ 6̲ | 6̲ 6̲ 5̲ 6̲ | 3/4 6̲ 6̲ 5̲ 3̲ 5̲ 6̲ 6̲ | 2/4 5̲ 5̲ 3̲ 2̲ 2 ‖

几个 头 颈 几个 田②？ 几只 小脚 弯 弯 往前 跑？
一个 头 颈 一个 田， 八只 小脚 弯 弯 往前 跑。

①螯：指螃蟹的第一对（粗的）钳子。
②田：即蟹脐。

　　这首上海嘉定的儿歌采用五声商调式，2/4和3/4变换拍子，音域在七度以内。全曲由四个乐句组成，每句两小节。第三、第四句是第一、第二句的变化重复，在统一基础上进行局部变化，既有利于儿童记忆和歌唱，又体现了一定的新鲜变化之感。作品旋律级进流畅自然，具有江南民歌的地理、文化特点，采用一问一答的形式生动形象地把黄蟹的特点描述出来。

　　再如，江苏无锡儿歌《我伲囡囡要困》。这首儿歌一共四句，为复对应结构：a(5)+b(4)+a'(5)+b(4)。可以看出第一句和第二句形成上下对应关系，且第一句的结音在主音的上五度徵音上，第二句结束在主音（宫音）上，两句结音为属、主关系。第三句曲调以全曲最低音为起音，以五声音阶式上行至最高点音，而且还出现了不同于前后的附点四分音符加八分音符构成的附点节奏，在曲调运行形态和节奏两方面与前后乐句形成一定的对比。歌词虽然为两句，但组成的曲调是由四句构成的，体现起承转合的复对应结构。

谱例2-15：

我伲囡囡要困

江苏无锡

1=E 2/4
慢速

5̲ 6̲ 1̲ 1̲ | 2̲ 2̲ 2̲ 1̲ | 6̲ 1̲ 6̲ 5̲ | 3 - | 5· 0 |

(吭 吭) 我 伲 囡 囡 要 困 困 （啰 噢，

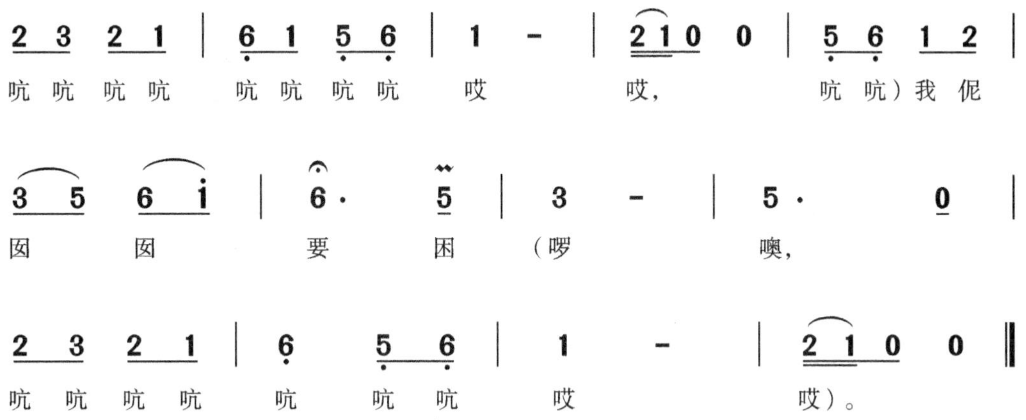

[乐谱：2321 | 6156 | 1 - | 2100 | 5612 |
吭 吭 吭 吭 吭 吭 吭 吭 哎 哎, 吭 吭) 我 伲

3561 | 6·5 | 3 - | 5· 0 |
囡 囡 要 困 (啰 噢,

2321 | 656 | 1 - | 2100 ‖
吭 吭 吭 吭 吭 吭 吭 哎 哎)。]

(佚名唱　安纪仁记)

还有些复对应结构的儿歌并不是那么规整,有的四句长短不一,有的有附加部分,如有扩充结尾等,但从它们的句子落音及旋法看,仍然具有复对应结构特点。如浙江宁海《介呣尖尖》,前两句为四小节,第三句是三小节,第四句则是两小节;温州《叮当叮当》在第四句后附加有一小节的尾声;同样附加有尾声的还有仙居《阿西圆圆》等。

(五)五句体及以上多句体

音乐的曲式结构在中国民间音乐(包括民间儿歌)中不太受关注。中国民歌受中国戏曲中板腔体的影响,在上下句的基础上,按照一定的原则,演变为不同的长短形式,再加上民间儿歌歌词为世代口传,往往长短不一,不可能那么规整,因此反映在曲调上,就产生了五句体及以上多句体的自由句式结构。虽然歌词多句,且句与句大多不同,但对应的曲调往往是通过两种或三种不同的音乐材料,运用重复、变化重复、缩减、扩充等手法,形成多种多句体结构的民间儿歌。这使得歌曲的整体性得到保持,统一性得到稳定,歌曲的性质与特征得到肯定。一般情况下,民间儿歌不会每句曲调都完全不同。

如上海松江《拍娃娃》:

谱例2-16:

拍 娃 娃

上海松江

1=D 6/8

稍慢

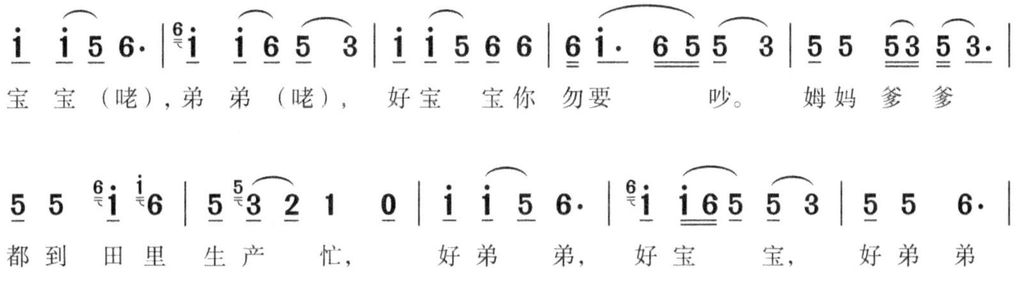

[乐谱：
1 156· | 1 1653 | 11 566 | 61· 655 3 | 55 5353·
宝 宝(咾),弟 弟(咾), 好 宝 宝你勿 要 吵。姆 妈 爹 爹

55 61 6 | 5 5321 0 | 1 156· | 1 1653 | 55 56·
都 到 田里生 产 忙, 好 弟 弟, 好 宝 宝, 好 弟 弟]

```
6̲
1  1̂6̲5̲ 5̲ 3 | 5̲ 5̲ 6· | 1̂6̲ 5̲ 5̲3̲ | 5̲ 5̲ 1̲ 1̂6̲ | 5̲5̲3̲2̲ 1 0 |
有 志  气。   拍 拍 噢,  噢 噢 拍 拍, 姐 姐 拍  侬① 睡     觉,

5̲ 5̲ 5̲2̲ 0 | 5̲ 5̲ 5̲3̲ 0 | 5̲ 5̲ 5̲2̲ 0 | 5̲ 5̲ 5̲3̲ 0 ‖
噢 噢 (咾)  宝 宝 (噢),  噢 噢 (咾)  宝 宝 (咾)。
```

①侬:即你。

这是一首流传在上海松江的摇篮曲儿歌。歌曲采用五声宫调式,6/8拍,音域在八度以内。全曲旋律以前两小节为主题,并不断采用变化重复的手法发展而成。自第十六小节开始的尾声部分,是以衬词来表现对宝宝的轻声安抚,同时采用相同的节奏与部分旋律重复的方式组成,在反复吟唱中声音亦渐弱、渐慢。全曲非常巧妙地结束在三音上做半终止,词、曲均十分妥帖地体现了姐姐哄小宝宝入睡时的情景。

再如浙江安吉《一支扁担》:

谱例2-17:

一 支 扁 担

浙江安吉

1 = D

中速

```
4/4 1 1 1 3 2 1 | 3̂2̲ 3 3̂2̲ 1 | 3/4 3 3̲2̲ 1 3̲2̲ 1 |
    一 支 扁 担 (来 嗨) 两 头  翘 (来),  中 中 间 间(来 嗨)

4/4 2̲1̲ 6̲ 1̲6̲ 0 | 1̲6̲ 1 2̲ 2̲1̲ | 1 6̲ 1̲2̲1̲ |
    土  地 庙(来),  姑 娘 嫂 嫂(来嗨) 把 香  烧(来),

3/4 3 3̲2̲ 1 3̲2̲ 1 | 4/4 2̲1̲ 6̲ 1̲6̲ 0 | 6̲1̲ 6̲ 6̲1̲ 6̲ |
    铜 钱 花 脱(来嗨) 木  佬  佬(来)。 东 烧 烧, 西 烧 烧,

6̲1̲ 6̲5̲ 1̲6̲ 3 | 2 - 2̲·1̲ 6̲5̲ | 1 - - 0 ‖
铜 钱 花 脱(来       嗨) 木 佬  佬。
```

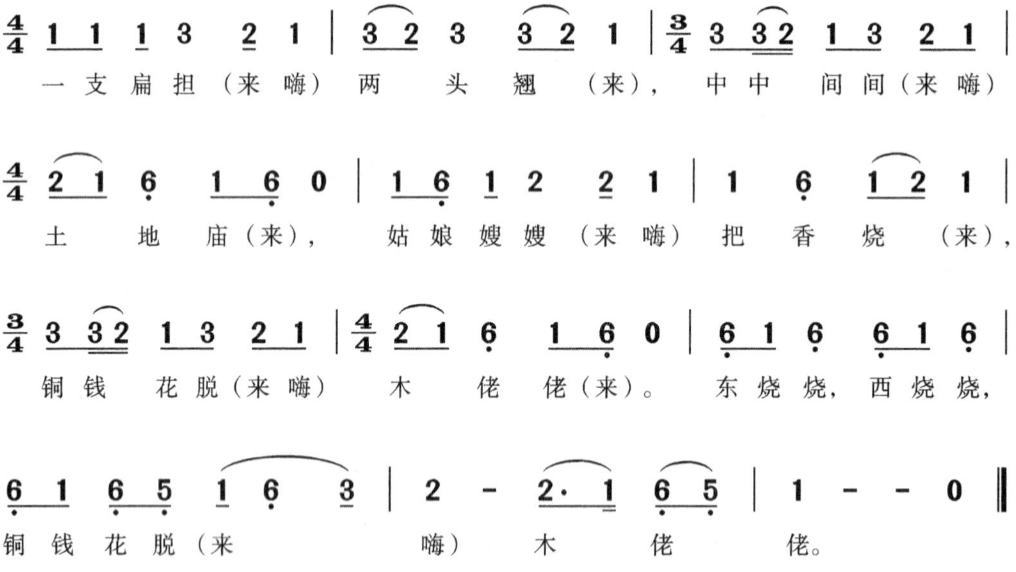

(佚名唱　柯国强记)

《一支扁担》是一首六句体结构的儿歌,六句的关系是aba'bb'b',以两部分音乐材料

(a、b)为基础,通过变化的手法发展而成。我们可以认为ab是歌曲基本的呈示部分,后面是变化发展部分。歌曲整体都紧紧围绕基本部分,使得全曲无论长短都能较好地保持稳定性和统一性。

《采菱调》是一首流行在江苏溧阳一带的儿歌。江南特产的菱是一年生的草本植物,生长在池塘里,根生于泥里,叶浮于水面,开白花,果实有硬壳,形似牛角,内肉可吃,常称菱角。采菱人一般为妇女和孩子,驾着小船在池塘水面进行采摘。

谱例2-18:

采 菱 调

江苏溧阳

1=G 2/4
中速 稍快

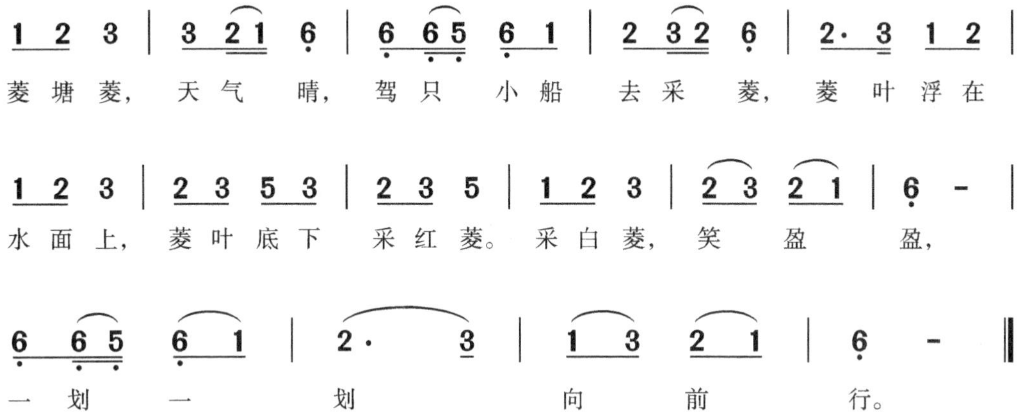

| 1 2 3 | 3 2̂1 6̣ | 6̣ 6̣5 6̣1 | 2 3̂2 6̣ | 2· 3 1 2 |
菱塘菱, 天气 晴, 驾只 小船 去采 菱, 菱叶浮在

| 1 2 3 | 2 3 5 3 | 2 3 5 | 1 2 3 | 2 3 2 1 | 6̣ - |
水面上, 菱叶底下 采红菱。采白菱, 笑盈 盈,

| 6̣ 6̣5 6̣1 | 2· 3 | 1 3 2 1 | 6̣ - ‖
一 划 一 划 向 前 行。

《采菱调》是一首五声徵调式的民间儿歌,采用2/4拍,音域在七度以内。全曲由六句组成,属非正规的单乐段,前四句每句两小节,第五、第六句延长为每句四小节,从而使音乐变得舒展、平和。前两句节奏相对紧凑些,和后面几句构成一张一弛的对比。此曲反映了江南水乡一船一船的采菱人在水面采菱的情景,也表达了孩子们喜悦的心情。

流传在上海市区的《紫竹箫》是一首由abca'dd'六句组成的五声徵调式民间儿歌。其中第一、第四句结束在宫音上,其余四句均结束在主音(徵)上。第四句和第五句运用了鱼咬尾的发展手法。

谱例2-19:

紫 竹 箫

上海市区

1=C 2/4
中速 ♩=80

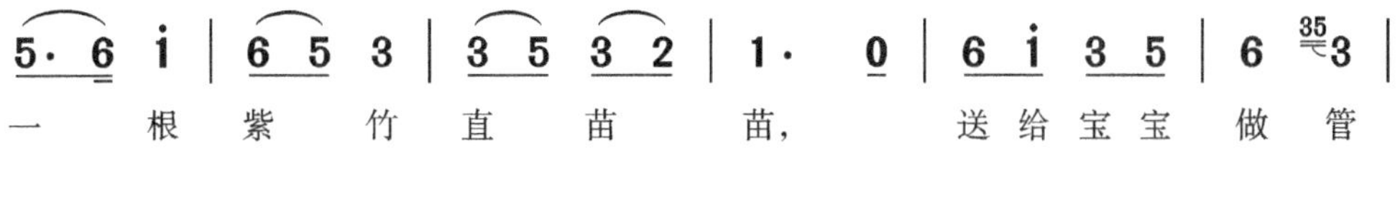

| 5· 6 1 | 6 5 3 | 3 5 3 2 | 1· 0 | 6 1 3 5 | 6 ³⁵͡3 |
一 根 紫竹 直苗 苗, 送给宝宝 做管

```
5· 0 | 1̇ 6 3 6 | 5· 0 | 6 5 3 6 | 5· 0 | 5·6 1̇ 2̇ |
箫，    箫 儿 对 了 口，    口 儿 对 了 箫，    箫  中

6 5 ⁵3 | 5 2 3 2 | 1· 0 | 1 1̇ 3̇ | 2̇· 0 | 6· 1̇ 6 1̇ | 2̇ 6 | 5· 0 |
吹 出 时 新 调，    小 宝 宝      吁 的 吁 的 学 会 了，

1 1̇ 3̇ | 2̇· 0 | 6· 1̇ 6 1̇ | 2̇ 6 | 5 6 1̇ 2̇ 6 | 5 — ‖
小 宝 宝      吁 的 吁 的 学 会 了。
```

（选自《国乐新谱》）

与《紫竹箫》具有异曲同工之妙的浙江东阳儿歌《分铜钱》是一首有十三个乐句的作品。因为这首歌词句式较为复杂，音乐曲调就依词而定，每句歌词即为一个乐句。前三句依次是四字句、七字句和九字句，中间部分是四个五字句式，后面部分是六个七字句式。各种长短不一的句式结合得非常巧妙和流畅，既显得结构自由，又不使全曲拖沓和松散。虽然曲调长达十三句，但基本音乐材料只有三句，其结构可表示为aa′ba′cc′c′c′c′c′c′c′。

谱例2-20：

分铜钱

浙江东阳

1 = D

```
3/4 6 6 5 ⁵6 | 2/4 5 5 6 6 | 5 3 5 | 3/4 5 6 5 7 7 | 2/4 6 ⁵6 7 |
八 月 初  四，    太 祖 嬷 嬷 分 铜 钱，    铜 钱 分 给 姐 姐    买 花 线。

3/4 5 6 ⁵6 ⁵6 | #4 5 | 3 6 #5 5 6 | #5 6 5 6 | #5 6 5 6 |
花 线 滑 滑 断，    拿 来 吊 蜻 蜓，    蜻 蜓 飞 到 东，    蜻 蜓 飞 到 西，

2/4 #5 6 5 6 | 3 6 6 | #5 ⁶6 3 ⁵6 | 6 #5 6 | #5 6 5 6 | 3 3 #⁵6 |
蜻 蜓 飞 到 荷 叶 塘，    摘 张 荷 叶 垫 门 堂，    蜻 蜓 飞 到 黄 沙 塘，①

#5 6 3 5 6 | 6 #5 ⁵6 | #5 6 5 6 | 3 3 #⁵6 | #5 6 3 5 6 | #5 5 6 ‖
挖 把 黄 沙    撒 姑 娘，    蜻 蜓 飞 到 牛 屙 塘，②抓 把 牛 屙    当 砂 糖。
```

①黄沙塘：指池塘底均为黄沙。
②牛屙塘：牛屎坑。

我们从这些多句体儿歌中可以感受到民间百姓的智慧和艺术创造力,获得了十分丰富的音乐资源,也受到很好的启发。

(六)两部性的结构体

民间儿歌的结构一般不大,但也有一部分例外。歌曲由两大部分组成,前面部分相当于主歌部分,表达歌曲的主要内容,后面部分犹如副歌。但与现在副歌意义不一样,它是在表达完前面主要内容后的一种情绪的表露,从歌词看有的完全和前面部分歌词没有关系,仿佛是两首歌。

如浙江金华的《十数麻雀》:

谱例2-21:

十数麻雀

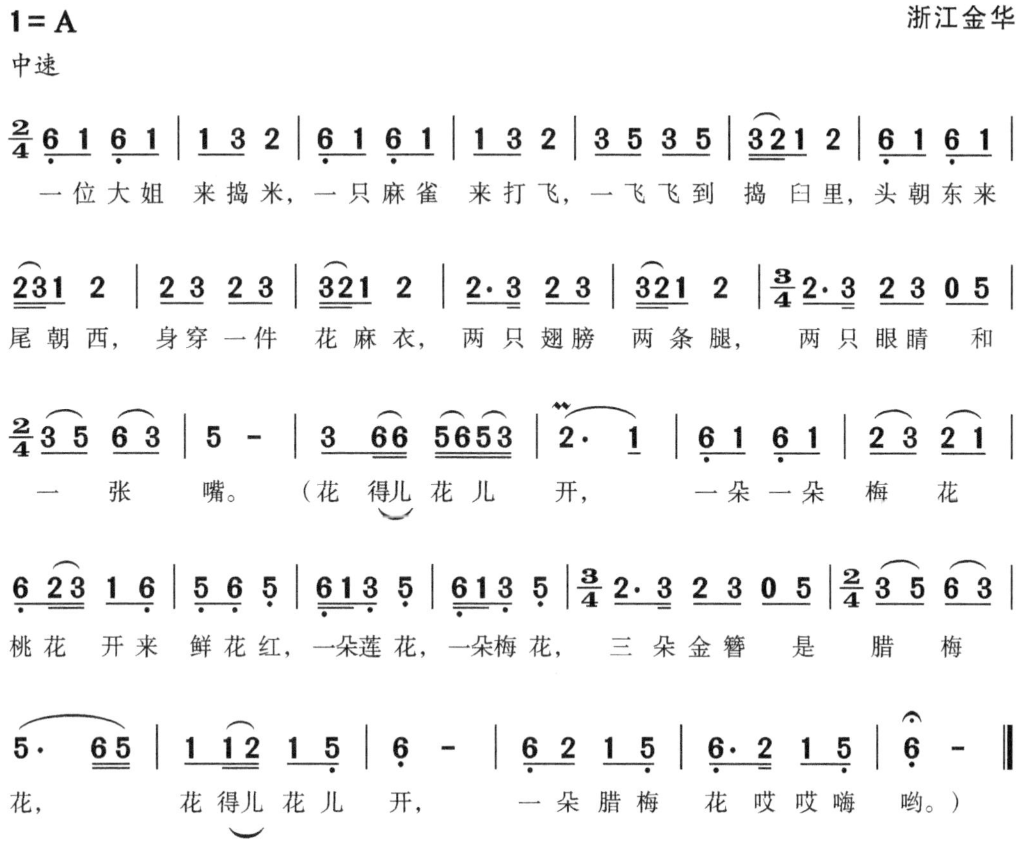

1 = A

浙江金华

中速

（范春琴唱　薛天申记）

和上例异曲同工的还有浙江杭州《十数麻雀》、丽水《十数麻雀》、海盐《放牛调》。与这类歌曲类似的还有浙江安吉《对花》《对口山歌》、三门《你造花窗》等。

在民间儿歌中,通谱歌结构形式占了大多数,但在用了十二月、四季、猜谜、问答等内容的儿歌中,由于内容较多,也有分节歌的形式。

二、江南民间儿歌的旋法本相

中国音乐和西方(欧洲)音乐有各自的风格特点。概括起来说,中国音乐讲究横向线条的运动,欧洲音乐在意纵向和声的音响。中国音乐横向旋律线条的种种变化、发展的法则,也称为旋法。旋法在这里,指的是江南民间儿歌旋律的进行特点、发展手法,以及儿歌旋律与语言、语音的关系,是旋律的范畴。

我们对江南民间儿歌的观照,一定是从儿歌主体受众对象和江南这一特定地域两方面进行把握。首先,从儿歌本身的特点分析,儿歌是孩童所唱,由于生理年龄的关系,其音域不像成人的音域那么宽,往往在一个八度内进行。其次,江南民间儿歌的旋律进行受地域特点的影响。江南多水乡和丘陵山地的地貌,加上语言传统的影响,民歌(当然也包括儿歌)曲调委婉,故有"吴歈越吟"一说。江南传统生产内容及生产方式以棉、麻、茶、桑、稻等为多,因此在表现气质上就比较平稳,民歌、戏曲等常用音区也不高,曲调多为婉转清丽,旋律以级进为主,大跳非常少见。尤其在古吴地中心范围,现今的苏州、无锡、湖州、嘉兴、杭州、绍兴等地,旋律犹如水乡婉转曲回的流水一般,又仿佛这一带的里弄小巷间的吴侬软语。这当然也造就了儿歌旋律以级进为主,还是五声音阶为主的级进,旋律线状平稳连贯,使儿歌具有流利细腻、和谐柔润的特色。这些都和江南的地理环境、人文传统密切相连。这也使我们相信,儿歌的旋法特点是和一定的自然、文化背景相呼应的,即民间音乐(民间儿歌)是地域文化中的民间音乐(民间儿歌)。旋律运动、节奏形成、歌词表达等方面,经过一代代民众的创造,是和特定地域的自然、人文环境相适宜的,体现了民间儿歌的地域性。

下面看流传在上海宝山一带的儿歌《孙中山活转来》。

谱例2-22:

孙中山活转来

上海宝山

1=F 2/4
中速 ♩=94

3 3 2	6 1 2	3 3 2	6 1 2
1.咪 咪 来	拉 多 来,	孙 中 山	活 转 来,
2.咪 咪 来	拉 多 来,	孙 中 山	活 转 来,

3 3 2 1	6 1 2	3 3 2 1	6 1 2 ‖
东 洋 乌 龟	掼 炸 弹,	百 姓 死 脱	交 交 关,①
长 枪 长 矛	拿 出 来,	东 洋 乌 龟	吓 煞 哉。

①交交关:很多。

(佚名唱　管兴华记)

这首儿歌是由两小节曲调重复三次构成的,主音为商,全曲只有四个音(宫、商、角、羽),曲调相邻音均以级进方式前行,故曲调平稳。整首歌曲调音域在五度以内,犹如念白一般,再加上方言歌词,使得词曲关系协和默契,儿童歌唱起来朗朗上口。

这样较窄的音域(五度以内)且级进前行发展的曲调在江南民间儿歌中比较常见。

如上海南汇《街街亮,月月亮》:

谱例2-23:

街街亮,月月亮

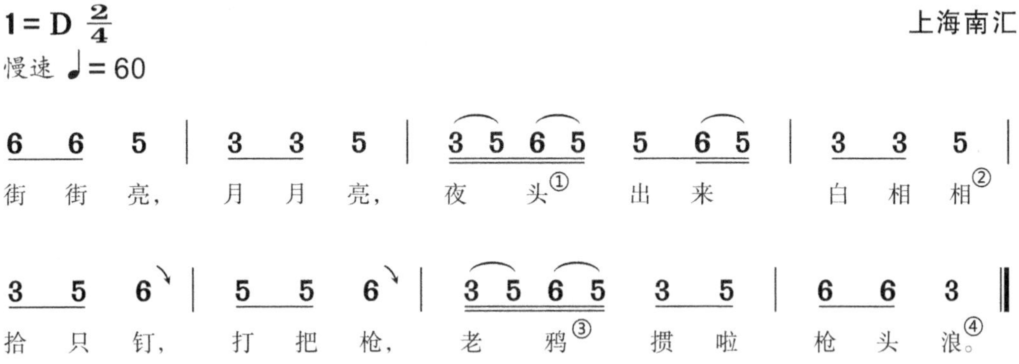

上海南汇

1=D 2/4
慢速 ♩=60

街 街 亮, 月 月 亮, 夜 头① 出 来 白 相 相②
拾 只 钉, 打 把 枪, 老 鸦③ 掼 啦 枪 头 浪。④

(金弟、正华唱 谈敬德采录、记谱)

①夜头:晚上。
②白相相:玩耍。
③老鸦:即乌鸦。
④浪:上的意思。

这是一首上海南汇地区(现划归浦东新区)的儿歌,角调式,由角、徵、羽三个音构成。这首儿歌和《孙中山活转来》一样,曲调以级进方式运动发展,起伏小,给人以柔和、平稳之感。

有趣的是,上海崇明地区的儿歌《摇到外婆桥》和《街街亮,月月亮》一样,也是由三个音(角、徵、羽)构成。这样以较少的音,且音与音之间均以相邻关系构成作品,彰显了江南音乐文化特有的细柔、温暖、精致。这样的例子在江南民间儿歌中还有很多。

旋法在音乐作品中是丰富多彩的。在江南民间儿歌中,有一种旋法是局部的旋律水平型进行,即同音局部连续反复(时值可以不同)。这种旋法,口语化强,适合儿童歌唱,比较有地方特色。有时为了使歌唱更有情趣,也用一些装饰音来配合字的声调。

如浙江温州《介呢有翼》:

谱例2-24：

介呢有翼
(抛歌)

1=G
中速
浙江温州

[乐谱]

1.介呢有翼 没本①飞（啊？沙 来），介呢没翼
2.蓑衣有翼 没本 飞（啊？沙 来），爆焰②没翼

（来 啰 啰啰啰 来） 飞来天（啊）？ 介呢有嘴 没本叫（啊）？
（来 啰 啰啰啰 来） 飞来天（啊），茶壶有嘴 没本叫（啊），

介泥没嘴（啰啰啰 来） 叫 最高（啊）？
铜锣没嘴（啰啰啰 来） 叫 最高（啊。 哎咋 嗬咋）！

① 没本：不会。
② 爆焰：爆竹。

（辛阿田唱 浙江省音工组记）

类似这种旋律特点的江南民间儿歌还有浙江瑞安《艮字加点》、象山《放牛调》、宁海《介呣出门》等。

谱例2-25：

放牛调

1=A
中速
浙江象山

[乐谱]

太阳岗岗（来），田螺拜堂（啰）；太阳落山（来），田螺摆摊（啰）。

（仇伟伟唱 雷达记）

还有些江南民间儿歌的旋法，在乐句的衔接和旋律的进行上，前乐句的落音和后乐句的起音是相同的音，这样的连接即所谓的"顶针格"，或称"鱼咬尾"结构。如江苏江阴《手拿钥匙开铜箱》：

谱例 2-26：

手拿钥匙开铜箱

1=♭A 2/4　　　　　　　　　　　　　　　　　　　　江苏江阴

中速

| 6 5 6 6 | 5 6̂ 5 6 | 6 5 6 6 | 6 5 3 | 3 5 6 |
你 勿 开 场 我 开　 场，手 拿 钥 匙 开 铜 箱，铜 箱 开

| 5 1̂ 6 5 | 6̂ 5 3 5 | 6 3 3' | 3 5 6 5 | 3 5̂ 6 5 3 ||
拖 出 一 百 两 挺　 机 关 枪，去 到 山 上　 打 老 狼。

（佚名唱　徐新记）

这首儿歌是四音列（角、徵、羽、宫）组成的角调式，一共四句，用"鱼咬尾"的发展手法运动生成。第一句结束在羽音，其余三句均结束在主音角上，且第三句在节奏上与前后形成变化（紧凑），同时出现全曲最高音。另外，主音上方四度音羽音（la），在全曲中起着重要的支撑主音角（mi）的作用。

同样使用"鱼咬尾"旋法的还有流传在浙江金华的儿歌《对面山上》：

谱例 2-27：

对面山上

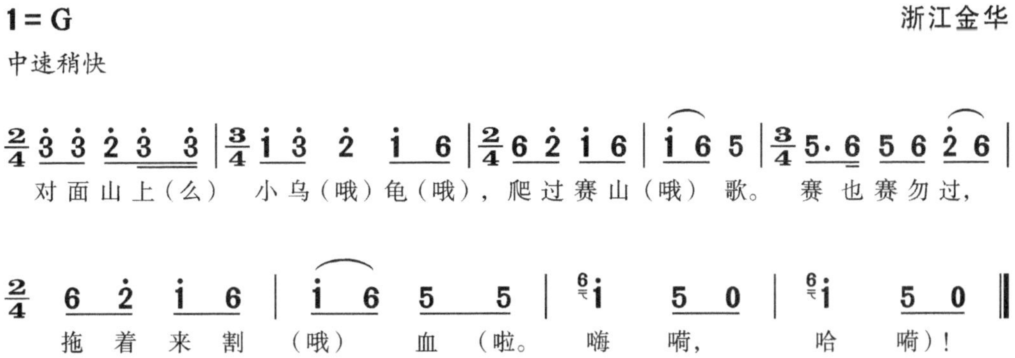

1=G　　　　　　　　　　　　　　　　　　　　　浙江金华

中速稍快

| 2/4 3̂ 3 2 3̂ 3 | 3/4 1̂ 3 2 1̂ 6 | 2/4 6 2 1̂ 6 | 1̂ 6 5 | 3/4 5·6 5 6 2̂ 6 |
对 面 山 上（么）小 乌（哦）龟（哦），爬 过 赛 山（哦）歌。 赛 也 赛 勿 过，

| 2/4 6 2 1̂ 6 | 1̂ 6 5 5 | ⁶1̂ 5 0 | ⁶1̂ 5 0 ||
拖 着 来 割（哦） 血（啦。嗨 唷， 哈 唷）！

（方跃生唱　方康明记）

《对面山上》每句都是"鱼咬尾"形式，使得句与句的关系紧凑、集中。

也有的儿歌虽然没有全部使用，但大部分句子还是使用了"鱼咬尾"这种旋法形式。

如浙江金华《两只金鸡》：

谱例 2-28：

两只金鸡
（牛娃山歌）

浙江金华

1=C

中速稍快

$\frac{2}{4}$ i 3 3 3 2 | $\frac{3}{4}$ i 3 2 i 6 | $\frac{2}{4}$ 6 2 i 2 |
日 头 上 山（么） 红 胖（哦）胖（哦），两 只 金 鸡

$\frac{3}{4}$ 2 6 i 6 5 | $\frac{2}{4}$ 5·6 5 6 | i i 2 i |
跳 过（哦） 坑， 两 只 猫 儿 争 老 鼠（哎），

6 5 6 i 2 | $\frac{3}{4}$ 2 6 i 6 5 5 | $\frac{2}{4}$ 6̇i i̇6 0 | 6̇i i̇6 ‖
姐 妹 两 个（么） 争 第（哦）一（哪。 嗨 嗬， 哈 嗬）!

（方跃生唱 方康明、曹斐增记）

这首儿歌前三句旋律都是"鱼咬尾"形式，只是第四句做了改变。这类儿歌还有浙江宁波《介呣出门》、金华《青竹仔》等。

这种使用"鱼咬尾"形式旋法的儿歌，儿童在演唱时容易上口、显得流畅。

在江南民间儿歌中，存在"子母曲"的情况，即以一首"母曲"为基本，在句幅、旋律、节奏、节拍甚至调式上进行了衍变派生，形成了和"母曲"相对应的"子曲"。如《孟姜女》派生为《哭七七》（前者为全国流行民歌，后者为江南民歌）。再如浙南泰顺革命历史民歌《工农兵四季歌》，属《孟姜女》的"子曲"性质。①

谱例 2-29：

工农兵四季歌

浙江泰顺

1=G $\frac{2}{4}$

2 1 2 | 5 5 | 3 5 6 3 | 2 - | 5 3 5 | 2 3 2 1 | 6 1 6 | 5 - |
春 季 里 桃 花 满 树（啊）红， 工 农 兵 暴 动 在 广 东。

5 6 1 | 2 3 | 1 2 6 | 5 5 | 6 2 1 | 5 6 1 | 6 5 1 6 | 5 - ‖
三 天 夺 得 广 州 市， 羊 城 上 血 迹 染 天 红。

① 周大风.浙江民歌的音乐特色[J].音乐研究.1980(3):69.

相邻地区衍变派生的"子母曲"在江南民间儿歌中同样存在。流传在浙江温州地区的儿歌《对鸟》(乐清)和《介呢做巢》(永嘉)、《叮当叮当》(温州),浙江金华地区的《青竹仔》和《东方发白》《对面山上》《两只金鸡》都是相互衍变派生而成的。在此,仅举一例,就可见一斑。

谱例 2-30:

青 竹 仔
(牛娃山歌)

浙江金华

1=♭B 2/4 中速稍快

青竹仔(来格)枯竹仔,爷娘生我站年(啰)坯。

蓑衣笠帽牛栏顶,拿着牛绳哭哀(啰)哀。

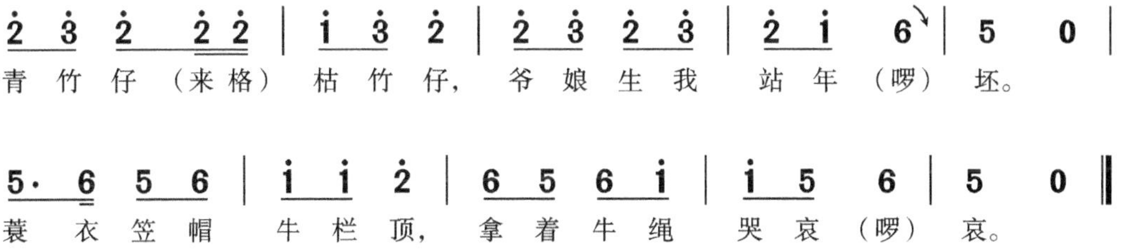

(金景炳唱 朱驹记)

谱例 2-31:

东方发白
(牛娃山歌)

浙江金华

1=G 2/4 中速稍快

东方发白(么)天刚(哦)亮(哎),清早起来精神(哦)爽(哦),

将牛放在东山上,养得牛儿肥又(哦)胖(啊。嗨嗬,哈嗬)!

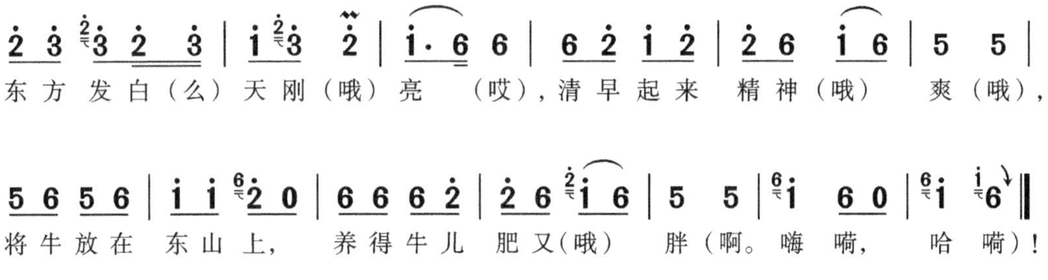

(方跃生唱 方康明、曹斐增记)

古人说,言之不足故嗟叹之,嗟叹之不足故咏歌之。一地的民间儿歌和当地的语言发音关系密切,歌与言基本遵循当地的语音语调特点。江南民间儿歌和当地的语音也有密切关系。江南地区语言虽基本属于吴语体系,但方言很多,语调语音不同,赋予民间儿歌以江南特色。如入声,它是古汉语的四声之一,在现代普通话和北方官话中已经消失,但在南方方言如吴语中仍有较完整的保留。在浙江民歌中,凡入声字一般以短促为其基本规律。一般说,有这样几个规律:第一,入声简腔、逢入短唱;第二,入声繁腔、断后接长;第三,前平后入、后字短促;第四,前入后平、两字相并;第五,前入后入、字字断续。①

如浙江松阳儿歌《雪花飘飘》:

谱例2-32:

雪花飘飘
（过年童谣）

浙江松阳

$1=\flat E$ $\frac{3}{4}$

6 1 1 1	3 1 1 1	6 1 5 6	3 1 6 6
雪 花 飘 飘	外 婆 炊 糕,	雪 花 浓 浓	外 婆 煎 糖,

6 1 5 5 6	3 1 6 5 6	6 1 5 3 1	3 1 6 1 1
雪 花 满 大 路	外 婆 做 豆 腐,	雪 花 满 大 溪	外 婆 杀 公 鸡。

（潘福娣唱　杨建伟、李成记）

中国历史不断书写着朝代更迭,更迭期间战争往往是主基调。太平天国战争使得江南人口锐减,之后有大量的河南、湖北移民迁入江南地区,某些地方的民间儿歌中就出现些和吴语不同的旋法特点。如流传在浙江安吉的章村、杭垓等地的《对口山歌》,音调的走向就和河南、湖北的语音特点联系起来。如"对"字,在吴语(即安吉所谓的本地话)里声调是阳平,即普通话的第二声,但在河南、湖北话的音调里却是去声,即普通话的第四声。同样,"来"字也是如此。

谱例2-33:

对口山歌

浙江安吉

$1=\flat B$ $\frac{2}{4}$ $\frac{3}{4}$ $\frac{4}{4}$

中速

1 1 1 3 2 1	3 2 3 2 3 1	0	3 1 6 3 2 1
(甲)什么 走路（来嗨）	不见（来）	天（啰）？	什么 走路（来嗨）
(乙)犁头 走路（来嗨）	不见（来）	天（啰）？	砌耳① 走路（来嗨）
(甲)什么 上山（来嗨）	哼一（来）	哼（啰）？	什么 下山（来嗨）
(乙)老汉 上山（来嗨）	哼一（来）	哼（啰）？	草鞋 下山（来嗨）

---

①周大风.浙江民歌的音乐特色[J].音乐研究.1980(3):67.

第二章 江南民间儿歌的历史脉络与音乐本相

（乐谱略）

（安吉县文化馆提供）

另外，叠词中变调读音的高低与强弱，各地因为语言关系也各不相同。如"哥哥"二字连用，普通话的读法是前高后低，但吴语就刚好相反。

如浙江永嘉儿歌《寻苦珠》：

谱例2-34：

寻 苦 珠

1=♭B　　　　　　　　　　　　　　　　　　　　浙江永嘉

中速

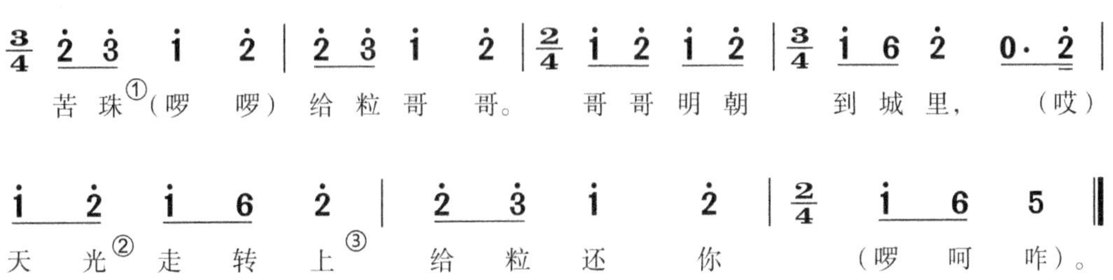

苦珠①（啰 啰）给粒哥哥。哥哥明朝 到城里，（哎）

天光②走转上③ 给粒还 你 （啰呵咋）。

①苦珠：一种乔木的果实，比豌豆大些，秋熟落地，小孩捡食。味苦，可磨制苦珠豆腐。
②天光：早上。
③走转上：走回来。

（佚老唱　谷尚宝记）

腔（曲）词关系同样受到地理环境因素的影响。因为吴语的音调关系，曲随词走，如"阿爸"（重音在"爸"上），"姆妈"（重音在"妈"上），等等。

如浙江东阳《介果》：

谱例2-35：

介 果

1=D 3/4

浙江东阳

中速

6 5 6 5	5 6 3 5	5 6 3 5
介果① 介 果，	同年 笑 我，	阿爸 辱② 我，

5 6 6 5	5 5̇ 6 6 5 3 5	3 6̇ 5· ‖
姆妈 打 我，	阿哥 买个 麻 酥 喽	喽③ 我。

①介果：即覆盆子，山上的野果。
②辱：骂。
③喽喽：哄哄。

（马小妹唱　吴露生、吴振民、卢士梁记）

民间歌曲是在民众的劳动生活中产生的，歌唱的语言自然是当地的方言，因此，各地民间儿歌曲调进行和唱腔色彩的不同与方言的差异有直接关系。

一言以蔽之，江南民间儿歌的旋法特点和江南的语音、语调以及历史文化、地理环境、风土人情等都是紧密相连的，形成了独特的风格、气质。

三、江南民间儿歌的调性本相

调性包括调的主音和调式两方面。江南民间儿歌的调性，由五声性的音阶，即宫、商、角、徵、羽五音所组成。这与江南的民歌、戏曲、曲艺所使用的音阶是相通的。我们收集到的儿歌中，五声音阶占大多数，六声、七声音阶较少。江南民间儿歌的调式以徵调式和羽调式为主，这也许和江南的地方戏曲、曲艺音乐、民间器乐曲中徵调式、羽调式占比较大有关。如享誉全国，在上海、浙江流行最广的越剧就是以五声徵调式为特色。在徵调式歌曲中，也有羽音、商音、宫音等对调式进行支持，还有一部分就是徵音支持徵调式。在四句式的歌曲中，有一商二徵三羽（或宫等）四徵的特征。

如浙江乐清《对鸟》：

谱例2-36：

对 鸟

1=♭D

浙江乐清

中速稍慢　较自由

廿 6̇ 2· 2 2 2 3 3 5 3 5 3̇ 2 2 - 1̇ 6 - | 6̇ 1̇ 1̇ 1̇ 1̇ 2̇ 5· 6 6̇ 5·
介 呣① 飞过 青又 青（哎）？　　　　　介 呣 飞过 打 铜 铃（啊）？

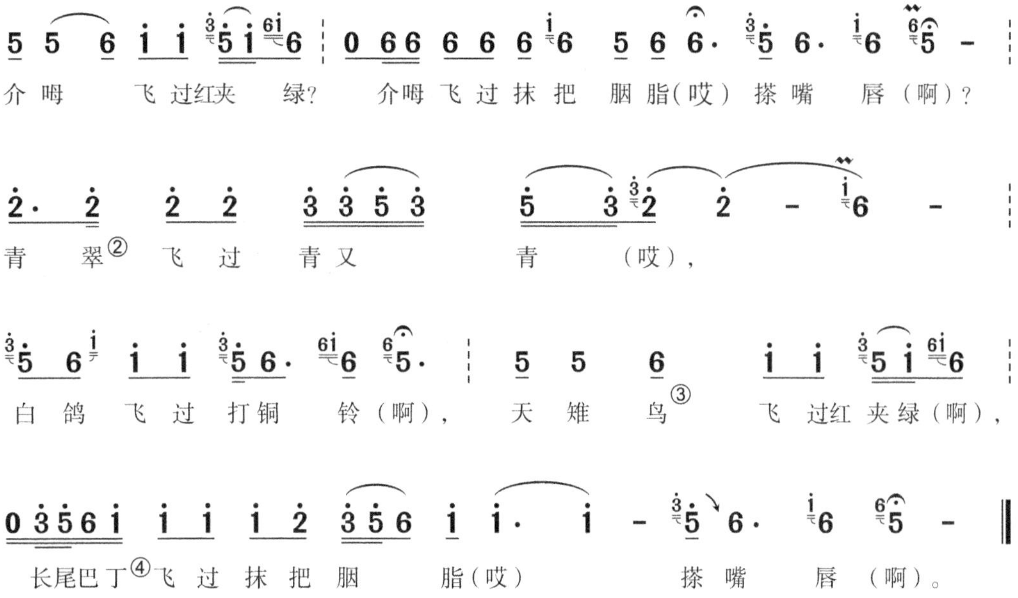

介呣　　飞过红夹绿？　介呣飞过抹把　胭脂(哎)　搽嘴　唇(啊)？

青翠②飞过　青又　　青　　　　　(哎)，

白鸽　飞过　打铜　铃(啊)，　天雉　鸟③　飞过红夹绿(啊)，

长尾巴丁④飞过抹把胭　脂(哎)　　　　搽嘴　唇（啊）。

①介呣：介音 gà，方言，即什么。
②青翠：翠鸟。
③天雉鸟：雉鸟。
④长尾巴丁：长尾鸟。

(温玲菊唱　朱一正、钱济记)

《对鸟》是一首具有强烈地方色彩、知识性内容巧妙渗透其中的歌曲。这首曲子有一问一答两部分，两部分旋律基本重复。第一部分"问"有四句，为一商二徵三羽四徵；第二部分"答"也是四句，也是一商二徵三羽四徵。当然，也有些歌曲会稍做变化，一如浙江金华《青竹仔》、江苏镇江丹徒的吟诗调《清明时节雨纷纷》，由一商二徵三商四徵构成，第三句略做变化，结音改羽为商。这也是上下句式的属音对主音的支持。

谱例 2-37：

青竹仔
（牛娃山歌）

浙江金华

$1=\flat B$　$\frac{2}{4}$

中速稍快

青竹仔（来格）枯竹仔，爷娘生我　站年（啰）坯。

蓑衣笠帽　牛栏顶，拿着牛绳　哭哀（啰）哀。

(金景炳唱　朱驹记)

041

谱例2-38：

清明时节雨纷纷

（吟诗调）

江苏丹徒

1=G 3/4

中速稍慢

```
5  5  5  ³⁻1·  | 1 ³⁻3 ⁵⁻2 3 2· | 1 2 3 2 ¹⁻6· | 1 3 ⁵²¹⁻6 5· |
清 明 时  节    雨    纷  纷，    路 上 行 人    欲 断  魂。

5  5  5  ³⁻1·  | 1 ³⁻3 ⁵⁻2 3 2· | 2 3 5 2 ¹⁻6· | 1 3 ⁵²¹⁻6 5· |
借 问 酒  家    何    处  有，    牧 童 遥 指    杏 花  村。
```

（张吉基唱　仲竹记）

民间儿歌中，句子结束音对主音的支持相对比较灵活。除了上面所说的，还有宫对徵的支持、角对徵的支持等。

再如上海嘉定的民间儿歌《对麻雀调》，也是采用的五声徵调式，音域在六度以内。歌曲借数麻雀的头、尾、脚、眼等，让孩子在歌唱游戏中丰富对数字的感知经验，加强对数字的敏感性。

谱例2-39：

对麻雀调

1=G

上海嘉定

中速 ♩=84

```
2/4 2 2 1 2 | 3 2 1 6 | 6 1 2 1 | 3/4 6 5 6 1 6 5 | 2/4 6 1 2 1 |
1.一只麻雀  一个 头，  二只翅膀    跃 跃   游，    二只小脚

3/4 6 5 6 1 6 5 | 2/4 6 1 2 1 | 3 2 1 | 1 2 2 1 | 3/4 6 5 6 1 6 5 |
  往 前   跑，    二只眼睛    乌溜溜， 一个尾巴    翘 了   翘。

2/4 3 5 5 6 | 3 2 1 | 2 1 2 1 | 3/4 6 5 6 1 6 5 | 2/4 1 6 1 6 |
2.二只麻雀  二个头， 四只翅膀    跃 跃   游，    四只小脚
```

| 1 3 2 1 | 2 1 1 2 | 3 2 1 6 | 1 2 2 1 | 3/4 6 5 1 6 5 ‖
往前跑， 四只眼睛 乌溜溜， 二个尾巴 翘 了 翘。

（陈玉英唱　杨富美记）

在羽调式的江南民间儿歌中，有用宫音对调式主音进行支持的。

如浙江建德《顺采茶》：

谱例2-40：

顺 采 茶
（茶灯调）

1=G 3/4　　　　　　　　　　　　　　　浙江建德

中速

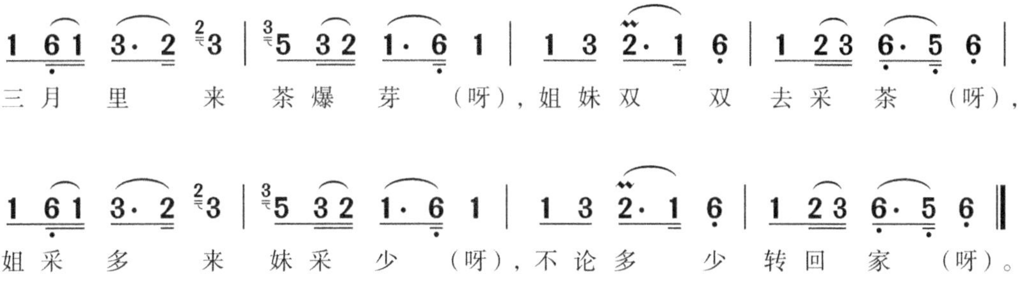

| 1 6 1 | 3·2 ²3 | ³5 3 2 1·6 | 1 | 1 3 2·1 6 | 1 2 3 6·5 6 |
三月 里 来 茶 爆 芽（呀），姐妹 双 双 去 采 茶（呀），

| 1 6 1 | 3·2 ²3 | ³5 3 2 1·6 | 1 | 1 3 2·1 6 | 1 2 3 6·5 6 ‖
姐采 多 来 妹采 少（呀），不论 多 少 转 回 家（呀）。

（马小妹唱　洛地、詹轲媛、陈献玉记）

《顺采茶》是一首单句变化体的歌曲，第三、第四句重复第一、第二句，落音均是宫、羽。也有些儿歌是羽音对主音（羽音）的支持，即每句落音相同，形成始终在主音上结束的一致性效果。

如浙江温州《月光光》是羽音对羽音的支持，上海崇明《摇到外婆桥》则是徵音对徵音（主音）的支持：

谱例2-41：

月 光 光

1=A 2/4　　　　　　　　　　　　　　　浙江温州

中速稍慢

| 6 2 2·3 | 1 6 6 | 6 2 1 2 | 1 6 6 | 3 2 3 2 6 | 5 5 6 1 |
月光光， 光亮亮，勿卖囡儿 到南洋。娘（啊）娘， 南洋隔江

| 3 2 1 6 | 5 5 5 6 1 | 1 2·3 | 1 6 6 6 | 6 0 ‖
又隔水， 看不着爹爹 （哟） 看不着娘。

（张成德唱　黄咏记）

谱例2-42：

摇到外婆桥

1=D 上海崇明

中速 ♩=88

$\frac{2}{4}$ 3 5 6 5 | 3 5 6 5 | $\frac{3}{4}$ 3 5 5 3 6 5 |
摇 摇 摇， 摇 摇 摇， 摇 到 外 婆 桥，

$\frac{2}{4}$ 3 6 3 5 6· | 6 3 5 | 5 6 6 5 3 | 3 5 6 5 ‖
外 婆 出 来 领 宝 宝， 宝 宝 叫 声（末） 外 婆 好。

（周平唱 周定一采录 王霖记）

这种每句的落音和调式主音相同的儿歌是江南民间儿歌的一种别样特色，富有情趣。

其实，这些特点也说明中国民间歌曲（包括民间儿歌）与欧洲西洋调式的差异。比如我们收集的民间儿歌中的宫调式歌曲，和西洋大调式的旋法不一样。西洋大调式往往强调属音（结构中间句子的尾音）对主音的支持，强调功能性。而民间儿歌却不强调这点，常用其他音来淡化对主音的支持。在宫调式中，宫音是稳定音（静音），如果每句结束音也是宫音，说明音乐需要的是统一性、稳定性，强调的是色彩和韵味，并不强调属音对宫音的功能性支持作用。

如上海松江《月亮亮，天亮亮》：

谱例2-43：

月亮亮，天亮亮

1=F $\frac{2}{4}$ 上海松江

快速 ♩=102

3 5 5 | 1 6 5 | 1 1 6 5 | 3 6 5 | 3 1 6 5 | 6 - | 1 1 6 5 |
月亮亮，天亮亮，家家小姐 白相相① 拾着一杆 枪， 戳煞观音

6 3 5 | 6 5 3 5 | 6 1 6 5 | 3 1 6 5 | 3 6 5 | 1 1 6 5 |
吭肚肠，老鸦衔去 做道场， 道场做来 能好看② 家家人家

3 6 5 3 | 2 3 2 3 | 6̣ 1 2 | 6̣ 1 2 3 | 1 - ‖
全 来 看， 只 有 隔 壁 老 太 婆 不 来 看。

①白相相：玩、游戏。
②能好看：这么好看。

（沈品娥唱 王子展、徐一华、张望、金玲妹采录 徐一华记）

《天亮亮,月亮亮》这首宫调式儿歌使用连贯曲体的形式,每句的尾音并不是属音起支持作用,而是较多地使用了徵音,让人产生徵调式的意味,最后才急转直下,到宫音上结束,具有"柳暗花明又一村"的强烈韵味。

又如浙江仙居儿歌《阿西圆圆》,虽然第一、第二句的尾音是属音,第三句尾音是主音,仿佛调式很明显,但此曲每句起音都是羽音(la),使用较多的羽音装饰音,因此调式并不是非常清晰,需要有结尾四小节的补充强调,最后使句子落在主音(宫)上,使调式得到明确。

谱例2-44:

阿西圆圆

(对山歌)

浙江仙居

$1=\flat B \quad \frac{2}{4}$

中速

① 阿西:什么。

(何中树唱 徐中利、王河川记)

通过上面分析,我们知道,有些儿歌虽然属于同一调式,但情况(如地点、语言等)不同,特点就不同。由此可见,儿歌虽小,内涵却十分丰富。

角调式在江南民歌(包括儿歌)中也有一定的数量,其中上海地区相对较多,其余零星分布在浙东的宁波、舟山,浙西的淳安、建德以及浙南山区。角调式歌曲一般用上四度的la(羽)音作为乐句的尾音,如上海嘉定《摇到外婆桥》;也有用上三度的sol(徵)音作为中结音的,如上海南汇《倒接口》、浙江龙泉《白扁豆》。

谱例 2-45：

摇到外婆桥

1 = A

上海嘉定

中速 ♩= 88

摇摇摇，摇到外婆桥，外婆留吃饭，舅妈就烧茶，

娘舅上山采枇杷，枇杷园里一朵花。

（张淑民唱　陈正福记）

谱例 2-46：

倒接口[①]

（对山歌）

1 = B

上海南汇

慢速 ♩= 60

侬姓啥？我姓黄，啥格黄？草头黄，啥格草？

青草，啥格青？碧莲青，啥格碧？毛笔[②]

啥格毛？羊毛，啥格羊？山羊，啥格山？

高山，啥格高？年糕[③]，啥格年？一九八四年[④]。

（康凯唱　谈敬德记）

[①] 倒接口：此曲为两个儿童一问一答，对唱形式。因问者从第三句开始是改为接唱答者词组中的第一个"草"字的，故称倒接口。
[②] 笔：是碧的谐音字。
[③] 糕：是高的谐音字。
[④] 一九八四年：可根据年份的不同改词。

谱例2-47：

白扁豆

1=C 2/4　　　　　　　　　　　　　　　　　　　　　　浙江龙泉

中速稍慢

3 3 5 | 5 6 5 | 5 3 5 | 5 6 1 5 | 6 6 5 5 | 3 3 ⁵⁄₃ |
白扁豆　正开花，摘一箩，　送爹　爹。爹爹许我　一担箱，

6 6 5 5 | 3 3 ⁵⁄₃ | 5 6 5 5 | 5 5 ⁵⁄₃ | 5 3 5 2 2 | ⁵⁄₃ 0 ‖
奶奶许我　一担笼，大哥许我　梳妆盒，风吹　袅袅　动。

（翁敏莲唱　朗德雄记）

《白扁豆》这首儿歌有一个非常有意思、值得我们关注的点。最后两小节的歌词，看似和前面所具体描写的内容完全没联系，有画蛇添足之感，其实不然。这两小节，从歌词分析，充分表达小主人公因为前面内容所产生的无比欢喜之情，"风吹袅袅动"，多美、多舒适惬意啊；从曲调看，因为前面主音上三度的徵（sol）音强调较多，有调式模糊之感，所以用这最后两小节曲调加强了调式感，使全曲获得较好的稳定性。真可谓是画龙点睛之笔，一举两得。

在江南民间儿歌中，还有一定数量的由三音列、四音列构成的调式。这类儿歌简洁、清晰，形象生动，非常适合儿童演唱。如上海南汇《骑马嘟嘟》，此曲由角、徵、羽三个音构成，音域只有四度，除去偏音fa的考量，整曲为级进为主的三音起伏，似反复吟诵一般，与幽默的歌词结合，更具诙谐、有趣的形象。同样由三音列构成的儿歌还有上海南汇《骑龙头》《街街亮，月月亮》等。

谱例2-48：

骑马嘟嘟

1=D　　　　　　　　　　　　　　　　　　　　　　上海南汇

中速 ♩=84

3/4 3 5 6 | 6 3 | 3 5 5 6 | 6 3 | 6 6 5 3 6 5 5 | 2/4 3 5 3 5 5 3 |
骑马嘟　嘟，　跑到松　江，　松江老虎叫，　　别转①马 头

（乐谱：朝北跑。跑到东爿爿②，年见一只缸，缸里有只碗，碗里有个小和尚，（呢哩呀啦）要吃绿豆汤。）

①别转：掉回头。
②东爿爿：东面。

（金弟、丹平唱　谈敬德采录、记谱）

谱例2-49：

骑 龙 头①

上海南汇

慢速 ♩=60

（乐谱：嘟嘟嘟嘟马来哉，节各②节各牛来哉，今朝烧点啥小菜？茭白炒虾田鸡打蛋。）

①骑龙头：儿童骑在大人的头颈上即骑龙头。
②节各：象声词，指牛蹄声。

（康凯唱　谈敬德记）

由四音列构成的江南民间儿歌也有一定数量，如浙江东阳《斗鸡鸡》：

谱例2-50：

斗 鸡 鸡

浙江东阳

中速

（乐谱：斗鸡鸡喂，鸡鸡啼；斗虫虫喂虫虫飞，斗只蝴蝶飞过溪。嘟，嘟，嘟！）

此曲由mi、sol、la、do四个音构成,徵调式,三句,音域只有六度。特别有意思的是最后结尾两小节,它不是我们一般理解的结尾的主音,而是孩子模仿小动物(小鸡、小虫、蝴蝶)逃走时的声音。这在我们现在创作的儿歌作品中是很难想象的。

由四音列构成的儿歌还有上海宝山《孙中山活转来》,它由低音6及1、2、3四音构成,商调式,由一个乐句反复三次形成。

浙江东阳一带往往用小三度与大二度的mi、sol、la三音列构成儿歌,不管是在徵调式还是羽调式歌曲中都如此,音域在四度以内,形成了一定的旋律特征区。如《火萤虫》:

谱例2-51:

火 萤 虫 ①

$1=C\ \frac{2}{4}$　　　　　　　　　　　　　　　　　　　浙江东阳

中速

| 6 6·　5 | 3 6 ³₋5 | 5 6̂5 6 | 5 6 5 | 3 5 | 3 5 | 3 5 | 3 5 |
| 火萤虫, 夜夜红, 飞到 东, 飞到西。高高 低低, 爬下来 嬉 嬉。

| 6 6 6 6 | 6 6 6 ³₋5 | 6 6 6 6 6 5 | 3 6 5 ‖
| 勿要你的银, 勿要你的金, 只要你的屁股 亮晶晶。

①火萤虫:即萤火虫。

该地区羽调式的《数星星》也是由mi、sol、la三音列构成的。

而在浙南的泰顺,虽然儿歌也是三音列的,但却是由大三度与小三度的do、mi、sol构成,音域在五度内,形成了地区特征。如《呼蜻蜓》:

谱例2-52:

呼 蜻 蜓

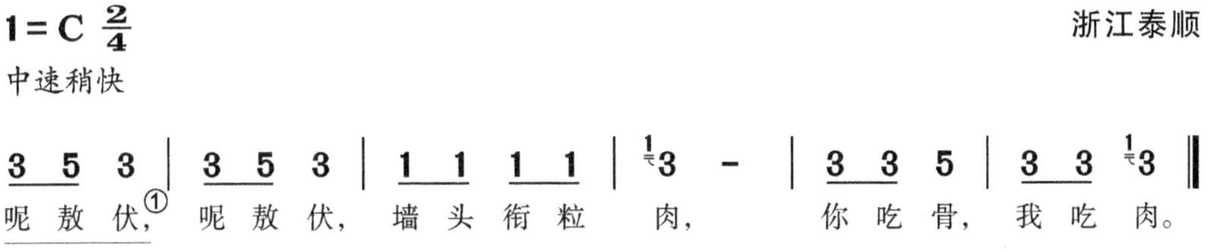

$1=C\ \frac{2}{4}$　　　　　　　　　　　　　　　　　　　浙江泰顺

中速稍快

| 3 5 3 | 3 5 3 | 1 1 1 1 | ¹₋3 - | 3 3 5 | 3 3 ¹₋3 ‖
| 呢敖伏①, 呢敖伏, 墙头衔粒 肉, 你吃骨, 我吃肉。

①呢敖伏:意思是"蜻蜓啊,请你歇下来"。

同一地区的《唤蚁歌》《唤蚂蚁》等也都是如此。

民间儿歌虽然一般比较短小,但在传承的过程中充分体现了民间的智慧。在短短的一首五声性儿歌中,为了使儿歌具有调式调性的变化,人们就使用"宫调转换"的技法来丰富音乐的语言,扩大曲调的表现张力,调节儿歌的韵味。

如浙江黄岩《石榴花》:

谱例2-53:

石 榴 花

1=F
浙江黄岩

中速

$\frac{2}{4}$ 1 5 6 6 | 1 5 6 | 1 6 1 6 5 | 6 - | 3 6 5 5 | 3 6 5 |
石榴花开 红似火 红似 火, 芍药花开 赛牡丹

0 5 2 | 3 - | 3 2 3 5 | 1 2 3 | 5 0 1 | 1 2 1 5 | 6̣ - |
(哎), 菖蒲花开 寻不 见,

3 6 5 | $\frac{3}{4}$ 3 5 1 6 0 | 3 5 1 6 0 | 3 5 1 6 | 3 5 1 6 | 5 2 3 - ‖
满园中 百花 开放, 喜笑 颜开, 百花 开放,喜笑 颜 开(哎)。

(章琴姬唱 金中记)

此曲第一句是以F作宫的D羽调式,第二句就转为以C为宫的A羽调式,直至全曲最后。因为转调是在宫调变化的情况下进行的,所以避免了五声性音阶只有宫、商、角、徵、羽五音的局限性,形成转调的变化与对比,丰富了音乐情感表达的空间。这种旋律发展的技巧使得这短小儿歌的调式变化自然美妙。像这种"宫调转换"的发展技巧,在江南的民歌、戏曲中比比皆是,如浙江的越剧可以运用"宫调转换"的方法连续演唱几个小时而不显单调。这种"宫调转换"往往是转入下四度宫调,如上例。浙江缙云《数田鸡》也采用了此法,歌曲开始是以降A宫的降B商调式,音乐进行到第九、第十小节处转为以降D为宫的降E商调式。

从以上不同的民间儿歌研究中,我们可以获得许多启发。民间音乐(包括民间儿歌)是我们现在音乐创作的丰厚养料。民族的调式如何与西洋的调式进行分辨,如何创作出不同风格、不同民族特点的作品,如何改变我们目前儿歌不儿童化、儿歌不上口的现象——要做好这一课题,就要收集丰富的民间音乐(民间儿歌)资料,并做详细分析研究,只有这样才有可能走我们民族音乐自己的路,创作的作品才能为我们广大的儿童所真正喜欢。

四、江南民间儿歌的节奏、节拍本相

歌唱活动是儿童生活中不可或缺的一部分,他们在歌唱中游戏、在游戏中歌唱。民间儿歌往往都符合儿童边活动边歌唱的要求,节奏不会太复杂,以免影响儿童活动的连贯

性,同时歌词和曲调的关系也大多为一音一字,没有太多一字多音的拖腔,这也符合儿童的认知发展规律。儿歌的节奏节拍必须体现儿童身心年龄特点,尤其是节奏,要和儿童的语言认知能力相吻合,即曲调节奏要和儿童语言节奏相适宜。长此以往而形成的民间儿歌,都具有节奏鲜明、不复杂的特点。

民歌(不包括民间儿歌)的节奏节拍往往与民歌的体裁有关,如劳动号子一般都有铿锵的节奏,山歌节奏一般都比较自由悠长,小调歌曲的节奏节拍相对规整有序……但民间儿歌不同,因为是儿歌,所以没有劳动号子,没有山歌与小调之分。因为是儿歌,是儿童接触音乐的初步阶段,因此也不会有复杂的节奏。儿歌一般是在游戏时歌唱,摇儿歌则是哄孩童入睡的歌。此外,江南多山田(丘陵),旧时牧童较多,牧童在山地田间行走、放牧时不可能有统一规整的节奏节拍,而是随着地势、放牧情形而歌,因此,江南民间儿歌中的"放牛调"(或"呼牛调")一类常常是散拍子形式,节奏相对较为悠长。

如浙江嵊州《呼牛调》:

谱例2-54:

呼 牛 调

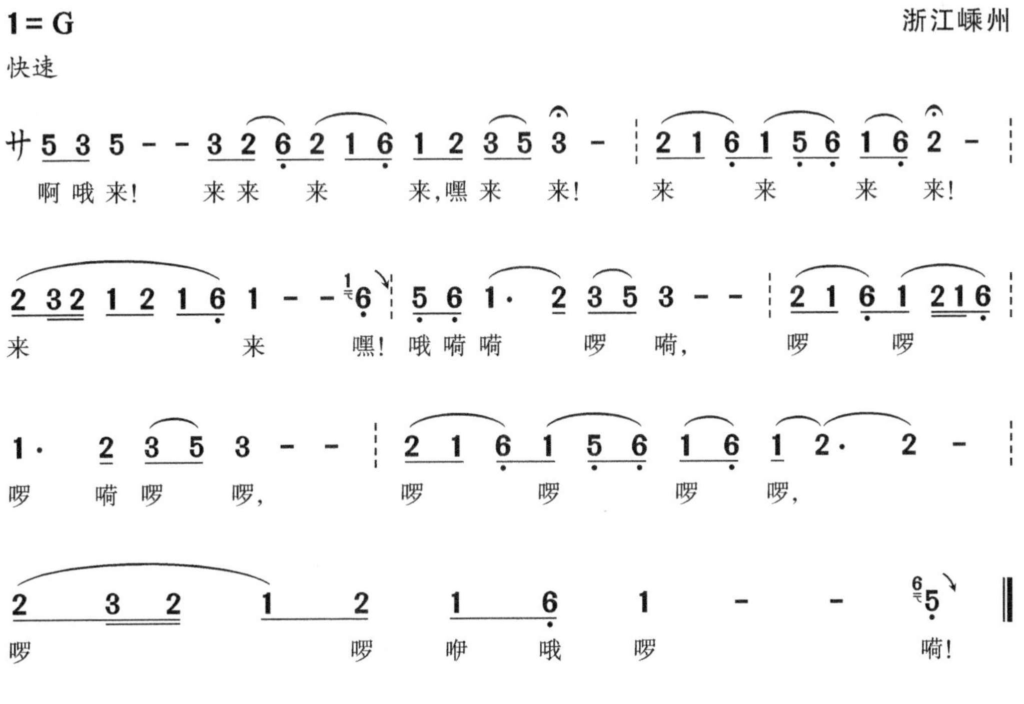

浙江嵊州

(郑良耀唱 余乐记)

摇儿歌因其具有摇曳的特点,一般采用三拍子或者六拍子,往往前一音步①中几个字为一单位,后一音步的音相对做一时值延长。如浙江萧山《摇儿歌》在节奏节拍方面就表

---

① 此处的音步,指的是在八六拍中,以三拍为一单位的韵律动作,即相当于在哄小孩入睡过程中三拍移动一下脚步的内在韵律。

现得非常典型：

谱例2-55：

摇 儿 歌

浙江萧山

$1=^\flat B$ $\frac{6}{8}$

中速稍快

| 0 3 5 7· | 6 6 5 6· | 5 6 1 1· | 1 2 1 2 2 1 6 | 1 1 5 6· ‖

囡 囡（啰），宝宝（啰），心肝肉（啰），囡囡宝宝要　困哉（啰）

（周小毛唱　陈辰记）

除摇儿歌外，江南民间儿歌大部分都是2/4、3/4、4/4拍或者是其中两种的变换拍子。在儿歌中，拍子和儿童歌唱的节律往往紧密相关，和儿童游戏活动的语言节奏也相关，所以在一首儿歌中常有不同拍子的变化，即由变换拍子构成。

如浙江东阳《分铜钱》：

谱例2-56：

分 铜 钱

浙江东阳

$1=D$

$\frac{3}{4}$ 6 6 5 $^5_5$6 | $\frac{2}{4}$ 5 5 6 6 | 5 3 5 | $\frac{3}{4}$ 5 6 5 6 7 7 | $\frac{2}{4}$ 6 $^5_5$6 7 |

八月初 四，　太祖嬷嬷　分铜钱，　铜钱分给姐姐　买花线。

$\frac{3}{4}$ 5 6 $^6_5$6 $^{\#4}_{\ }$5 | 3 6 $^\#$5 6 | $^\#$5 6 5 6 $^5_5$6 | $^\#$5 6 5 6 $^5_5$6 |

花线滑滑 断，拿来吊蜻蜓，蜻蜓飞到 东，蜻蜓飞到 西，

$\frac{2}{4}$ $^\#$5 6 5 6 | 3 6 6 | $^\#$5 6 3 $^5_5$6 | 6 $^\#$5 6 | $^\#$5 6 5 6 | 3 3 $^{\#5}$6 |

蜻蜓飞到　荷叶塘，摘张荷叶　垫门堂，蜻蜓飞到　黄沙塘，

$^\#$5 6 3 5 6 | 6 $^\#$5 $^5_5$6 | $^\#$5 6 5 6 | 3 3 $^\#$5 6 | $^\#$5 6 3 5 6 | $^\#$5 5 6 ‖

挖把黄沙　撒姑娘，蜻蜓飞到　牛屙塘，抓把牛屙　当砂糖。

这是一首流传在浙江东阳一带、孩童们聚在一起做游戏或捉蜻蜓时唱的歌。歌词有四字句、五字句、七字句和九字句，歌词句式相对较为复杂。歌曲的节拍往往随着歌词的节律而定，其中四字句的节律为 xx　 x　 x，五字句的节律为 xx　 xx　 x，七字句的节律

为××　××｜××　×，九字句的节律为××　××　××｜××　×。因此，这首儿歌的拍子就是2/4拍和3/4拍的变换结合，也就是拍随词定。由此可见，民间儿歌节拍使用十分开放和自由，且紧紧围绕歌词的根本，使得儿童对这首歌曲较复杂节律的歌词能自然流畅地演唱。

再如前面所列举的上海嘉定《对麻雀调》《摇到外婆桥》、上海南汇《骑马啷啷》等，也都是2/4拍和3/4拍结合在一起的变换拍子。

另外还有些儿歌的拍子，因为地域习惯，会为了强调某个字或者凸显儿歌的情趣而进行拍子的变换。

如浙江萧山《逗儿歌》：

谱例2-57：

逗 儿 歌

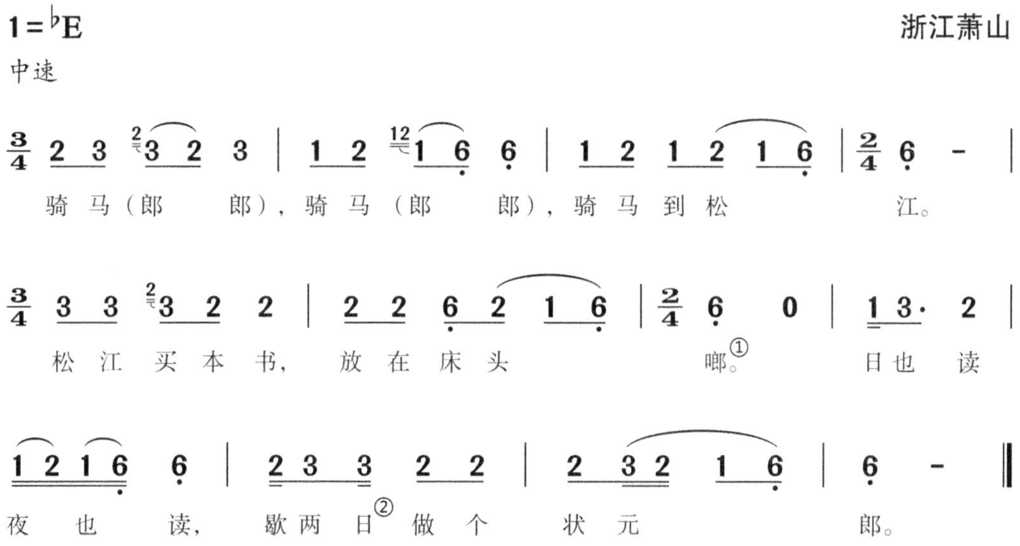

1=♭E　　　　　　　　　　　　　　　　　　　　浙江萧山
中速

（乐谱）

骑马（郎　郎），骑马（郎　郎），骑马到松　江。
松江买本书，放在床头　啷①，　　日也读
夜也读，歇两日②做个　状元　郎。

①床头啷：床头上。
②歇两日：过两天。这里引申为"等将来"。

（阮未青唱　陈晨记）

《逗儿歌》的第一、第二小节，如果按照歌词节律，那应该是×　×｜×　×，但为了强调孩童边唱边模仿骑马的状态，加进了虚词"郎郎"，因此歌词的节律变成了××　×　×，由二拍子变为三拍子。接着，为了突出主人公骑马距离的"远"，把原本歌词"骑马到松江"（××　××　×）的节律，变成××　××　—｜×　—；下面的"放在床头啷"也是同理。

在民间儿歌中，歌词节律与拍子联系紧密。儿歌是给儿童唱的，歌词要通俗易懂，便于儿童记忆和传唱，否则，再好的歌词内容也没有办法在儿童之间流传开来。这也给我们以启示，要思考如何使得歌词与节奏节拍、曲调自然紧密结合，明晰创作的服务对象是谁，并在作品中予以体现。

民间歌曲是在自然、自由的状态下生发的，由于地理地貌、文化环境等的差异，我国民间歌曲和西洋歌曲不同，不看重节拍的量化和强弱的规定性，往往是依曲而定、依词而化，自由性较大;即使拍子确定了,歌唱时对节拍重音的把握也不是教条、机械的。因为受"欧洲音乐中心论"的影响,我们的教科书教给学生的往往是二拍子"强弱"、三拍子"强弱弱"、四拍子"强弱次强弱"等节拍强弱规律。这些理论在欧洲没有问题,但在中国却不是普遍规律。在江南民歌(包括民间儿歌)中,也有"强弱"的二拍子形式,但还有很多的"强强"或"弱强"的二拍子形式。

如浙江宁海《介呣尖尖》:

谱例2-58:

介呣尖尖

1=♭B　　　　　　　　　　　　　　　　　　　　　浙江宁海
中速

2/4 |2̇ 1 2̇ 2̇·| 2̇ 1 3 2 | 2̇ 1 3 2 | 2̇ 1 6 |
　1.侬对 句(呀), 我 接(呀)腔 我 接(呀) 腔,(唆 来),

3/4 　　　　　(2̇ 2̇·) 2/4
　2.介呣 尖尖尖尖 在山(啦)头 在山(啦)头?(唆 来),
　3.茅草 尖尖尖尖 在山(啦)头 在山(啦)头,(唆 来),

| 2̇ 1 2̇ 2̇ 1 2̇ 1 | 6 5 | 1̇ 6 1 2̇ | 3 2 3 1 | 1̇ 6 2̇ 1 1 |
　侬 掼 啦铜钿 (啰 来, 啦咿 来) 我 掼 腔。依 掼 铜钿
　介 呣呀尖尖 (啰 来, 啦咿 来) 水 中 游?介 呣 尖尖
　螺 蛳呀尖尖 (啰 来, 啦咿 来) 水 中 游。红朱 笔 尖尖

| 1̇ 1̇ 1̇ 6 1̇ | 2̇ 1̇ 6 | 6 6 6 6 | 1̇ 6 6 2̇ 1̇ ||
　圆 圆 转(呀, 唆 来), 我 掼歌腔 隔 山 响。
　书 箱 里(呀? 唆 来), 介 呣尖尖 板 壁 头?
　书 箱 里(呀, 唆 来), 钉 子尖尖 板 壁 头。

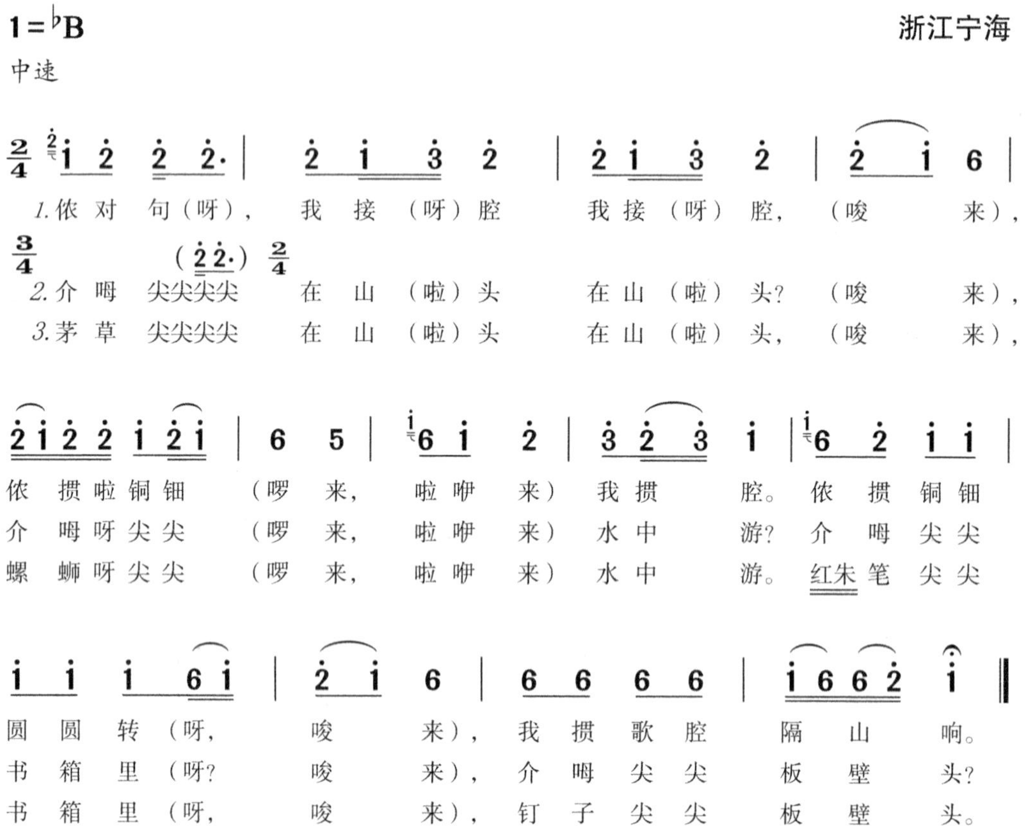

(王继夫唱　赵万福记)

由于是问答歌形式,加上特色的地方词腔关系,歌曲中就呈现了"强强"的二拍子形式。此外,还有"弱强"的二拍子形式。

如浙江平阳《呼牛喝水》:

谱例2-59：

呼牛喝水

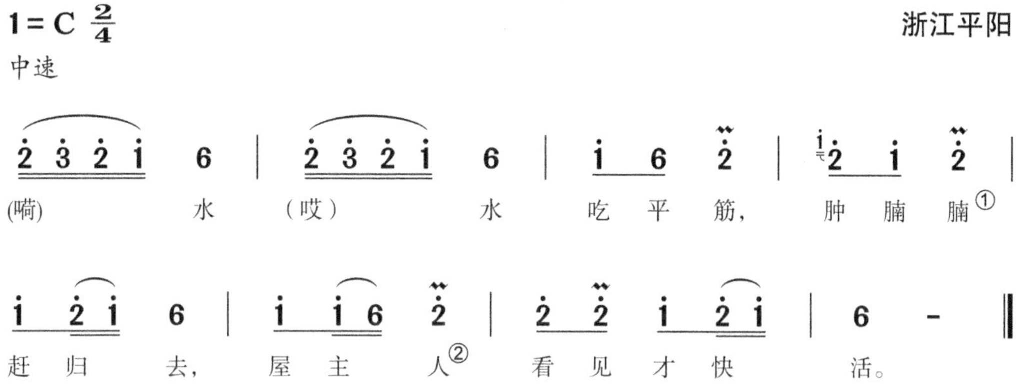

1=C 2/4　　　　　　　　　　　　　　　　　　　　　浙江平阳

中速

(嘀) 水 (哎) 水 吃平筋,肿腩腩①
赶归去,屋主人② 看见才快活。

①吃平筋,肿腩腩:水喝得饱,筋骨生劲,滚壮多肉。
②屋主人:牛的主人。

（施阿生唱　张典鹤记）

而三拍子在江南民间儿歌中很少有"强弱弱"的形式,较多的是类似民间锣鼓节拍的"强弱强"形式。因为这些民间儿歌中,较多地使用四字句、五字句词格形式,为对应节拍要求,自然就有"强弱强"这种三拍子形式。如流传在浙江建德一带的儿歌《顺采茶》,歌词是四字句格律,就自然形成"强弱强"的三拍子。虽然第四个字是虚字,但词格节奏自然要求用这种节拍。这是江南民间儿歌节拍强弱关系的重要特点。

如浙江建德《顺采茶》：

谱例2-60：

顺 采 茶
（茶灯调）

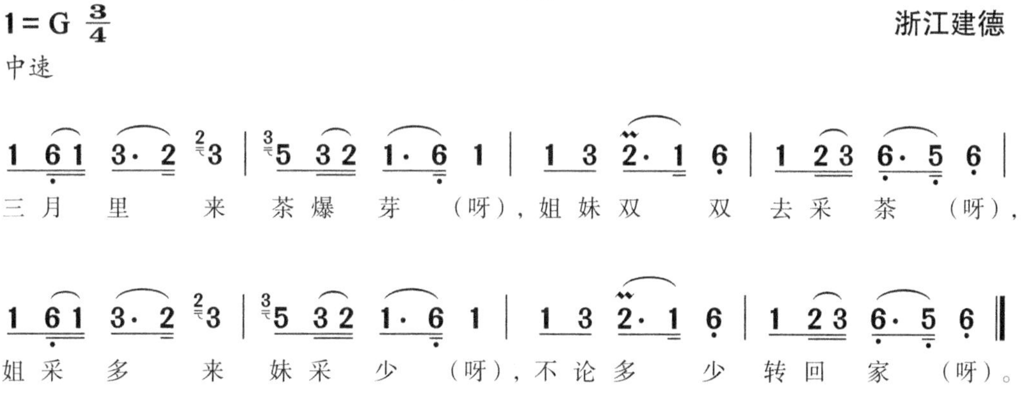

1=G 3/4　　　　　　　　　　　　　　　　　　　　　浙江建德

中速

三月里来茶爆芽（呀）,姐妹双双去采茶（呀）,
姐采多来妹采少（呀）,不论多少转回家（呀）。

（马小妹唱　洛地、詹轲媛、陈献玉记）

在三拍子的江南民间儿歌中,还有一种"弱强弱"的特殊形式,虽然不是十分普遍,但也非常值得我们研究,并能从中获益。

如浙江象山《癞头皮》:

谱例2-61:

癞头皮

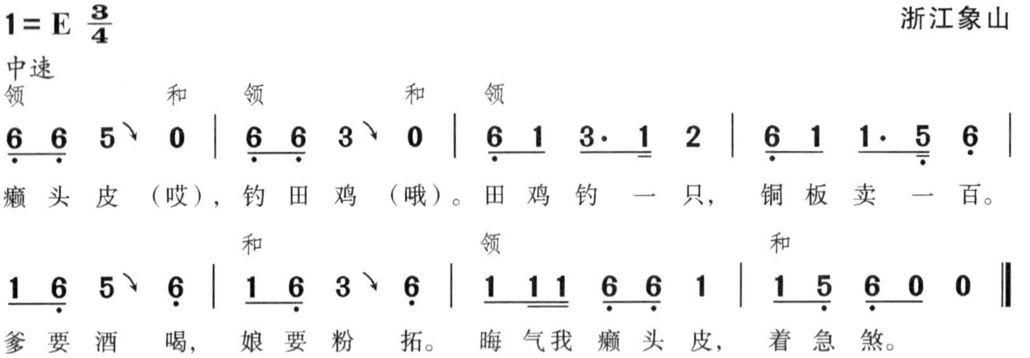

浙江象山

1=E 3/4
中速

领　　　和　领　　　和　领
6 6 5↘ 0 | 6 6 3↘ 0 | 6 1 3·1 2 | 6 1 1·5 6 |
癞 头 皮(哎), 钓 田 鸡(哦)。田 鸡 钓 一 只, 铜 板 卖 一 百。

　　　　　和　　　　领　　　　　　　和
1 6 5↘ 6 | 1 6 3↘ 6 | 1 1 1 6 6 1 | 1 5 6 0 0 ‖
爹 要 酒 喝, 娘 要 粉 拓。晦 气 我 癞 头 皮, 着 急 煞。

(伊伟伟唱　雷达记)

《癞头皮》这首儿歌非常生活化,具有民间的幽默情趣。歌曲为突出歌词中的一些重点字,增加诙谐感,把第二拍加强,成了重拍,同时在一开始就出现儿歌中非常少见的小七度大跳上行,使第二拍出现高音,第三、第四小节的第二拍运用附点节奏强调,更加凸显了第二拍的强拍效果。这使整首儿歌显得非常有特色。

类似的还有江苏镇江《卖糖麻花》:

谱例2-62:

卖糖麻花

(叫卖调)

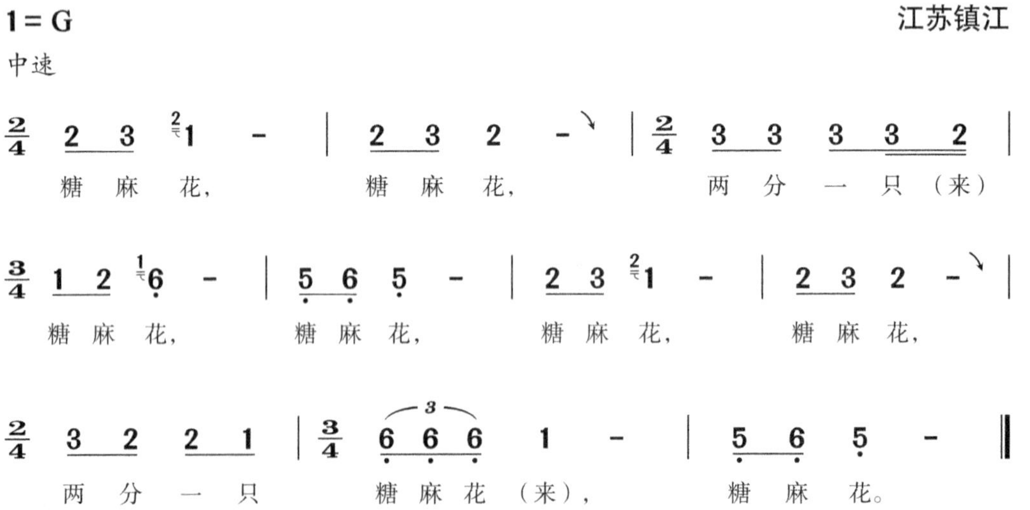

江苏镇江

1=G
中速

2/4 2 3 ²1 - | 2 3 2 -↘ | 2/4 3 3 3 3 2 |
糖 麻 花,　　糖 麻 花,　　两 分 一 只(来)

3/4 1 2 ¹6 - | 5 6 5 - | 2 3 ²1 - | 2 3 2 -↘ |
糖 麻 花,　糖 麻 花,　糖 麻 花,　糖 麻 花,

2/4 3 2 2 1 | 3/4 6 6 6 1 - | 5 6 5 - ‖
两 分 一 只　糖 麻 花(来),　糖 麻 花。

(颜永星唱　周根炉记)

在三拍子民间儿歌中,几种不同的强弱关系和2/4拍、4/4拍结合在一起运用,就会产生多种强弱关系的节拍形式,使音乐感情幅度加大,进而使音乐具有更好的张力。由此,我们也可以看到,节拍具有很强的音乐表现力,其本身具有很好的表现感情的功能,与旋律、歌词相互制约、相互联系、相互提升,共同为塑造音乐形象发挥作用。

如浙江东阳《数星星》:

谱例2-63:

数 星 星

1 = D　　　　　　　　　　　　　　　　　　　　浙江东阳

中速

（乐谱略）

《数星星》是一首2/4拍和3/4拍结合使用的变换节拍的儿歌。歌词以三字句为主,也有四字句和五字句等,反映了儿童纯朴的农村生活,语言生动活泼。全曲采用三音列构成的羽调式,音域在四度以内。由于词格节律的关系,三字句的二拍子往往第二拍是强拍,五字句的三拍子是"强弱强"的形式(犹如民间锣鼓节奏丈丈 令尺 丈)。节拍强弱关系的变化,使得这首儿歌虽然只有三个音,但并不单调,而且显得愉快、风趣和有节奏性。

因为受欧洲音乐观念的影响,在对江南民间儿歌的研究中,节拍的作用常被人们所忽略。殊不知,江南民间儿歌的节拍强弱特点是非常丰富和灵活的。我们必须明白,中西文化有差异,音乐文化的呈现也有不同。我们应该关注自己的文化土壤,在其滋养出的民间音乐中找寻音乐文化之根。

在研究江南民间儿歌时,还有一个重要的音乐要素我们不能忽略,那就是节奏。节奏和歌曲结构、曲调、节拍等一样,是构成音乐的重要材料。在江南民间儿歌中,常用切分节奏来使曲调更加丰富。运用切分节奏,是为了强调歌词中某些字的重音,突出重音字的作用,同时也使得音乐更具生动性。

如浙江玉环《介呣搭藤》：

谱例2-64：

介呣搭藤

1=♭B
中速稍慢
浙江玉环

1. 介呣搭藤 搭过 坑？介呣搭藤 节节 生？
2. 蕃茄搭藤 搭过 坑，花生搭藤 节节 生，
3. 介呣做窠 做得 高？介呣做窠 做得 牢？
4. 老鹰做窠 做得 高，喜鹊做窠 做得 牢，

介呣搭藤 水上 飘？介呣搭滕 半天 枭？
河菱搭藤 水上 飘，天萝丝搭藤 半天 枭。
介呣做窠 做半 边？介呣做窠 颠倒 颠？
燕子做窠 做半 边，黄蜂做窠 颠倒 颠。

（哎 哪小 来），旁面小弟 解过 来。
（哎 哪小 来），旁面小弟 解过 来。
（哎 哪小 来），旁面小弟 解过 来。
（哎 哪小 来），旁面小弟 解过 来。

（楚门农民唱　王善恒记）

在摇儿歌类型的作品中，切分节奏的作用是不可替代的。

如江苏常州《宝宝困》：

谱例2-65：

宝 宝 困

1=F 4/4
江苏常州
慢速

(呣)，我家宝宝要 困 (哩啊 呣，

第二章 江南民间儿歌的历史脉络与音乐本相

(佚名唱 唐保容记)

摇儿歌通常是哄孩子睡觉时唱的催眠曲、摇篮曲,因此节奏的摇曳性就显得尤为重要,否则就失去了作用,在节拍上往往用三拍子或六拍子比较恰当。但这首《宝宝困》却是用4/4拍来表现的,如果稍有不慎,摇儿歌的效果会使人不堪忍受,这时,节奏的作用就显现出来了。在第三、第五、第六、第八小节处的切分节奏,使四拍子照样产生摇篮摇曳的感觉,而且这种节奏是贯穿整个曲子的,再配合使用舒缓拉宽的节奏型,使得这首四拍子的《宝宝困》不仅效果自然贴切,而且别具一番韵味。

江苏无锡《抚囡囡》、浙江宁波鄞州《摇儿歌》等都是类似的作品。

民间音乐是民间文化的体现,是人们集体创作、世代相传的一种艺术形式。我们的艺术教育如何从民间音乐艺术中汲取养分,如何使艺术教育回归自然、回归生活、回归经验,儿童艺术教育的方法、手段如何体现儿童的身心特点等问题,很值得我们思考。因此,对江南民间儿歌音乐本体的研究,是期望通过对江南民间儿歌音乐的特点分析,更好地洞察和把握江南民间儿歌的本质属性与运动规律,从而促进传统民间儿歌的现代发展,进而以今人的眼光回溯历史的局部文化特征,从而能更好把握儿童音乐文化的承继意义,这对当下的学校机构儿童艺术教育、家庭儿童教育、社会儿童教育都具有借鉴意义。

第三章

江南民间儿歌的学前教育价值

江南民间儿歌属于江南地域传统民间文化的一部分。优秀的传统民间文化如何承继，如何使此地儿童产生文化身份认同，如何让民间儿歌中的优秀部分得以显现，这些都需要我们思考并付诸行动。"致知在格物，物格而后知至。"首先我们应对江南民间儿歌在学前阶段的教育价值做梳理、挖掘，进而才能使我们的下一代在优秀的传统民间儿歌里获得滋养。

第一节 江南民间儿歌在学前教育中的审美价值

江南民间儿歌适合学前教育阶段儿童演唱，其具有浓郁的区域特点与鲜明的民俗民风，凝聚了江南劳动人民的集体智慧，通过精练短小、通俗易懂的曲调对幼儿起到潜移默化的育人功能，具有极强的审美价值。

学前教育阶段的儿童对周边的事物具有强烈的兴趣与好奇心，求知欲望强烈，思维活跃，但仍处于具体形象性思维阶段，自我控制能力不强。这一时期的教育将对他们产生深远的影响，在其今后的成长过程中起着关键性作用。关注儿童，关注儿童的生活与发展，是儿童教育的基本出发点和根本目的。我们要充分挖掘中国几千年传统文化精髓，从江南民间儿歌入手，深入分析乐曲作品，选择通俗易懂、幽默风趣、格调高雅、寓教于乐的江南民间儿歌，发挥其育人内涵，体现其在学前教育中的审美价值。

一、江南民间儿歌的旋律美，激发幼儿审美兴趣

孔子说："知之者不如好之者，好之者不如乐之者。"审美兴趣在幼儿认知活动中起着关键性作用，在兴趣驱使下，幼儿以积极接纳的心态去认知新鲜事物，对具体审美对象进行感受与表现，在此过程中提高了审美能力。由于受知识、经验、思维发展水平的限制，幼儿往往喜欢生动活泼、富有动感、有儿童情趣的艺术形象。比如他们喜欢鲜艳的色彩、节奏感强的音乐、可爱的卡通形象等，都是这一年龄阶段幼儿表现出来的审美特点。江南民

间儿歌中有大量旋律优美、朗朗上口、轻快明朗的作品。

谱例3-1：

动物问答歌

1=D 4/4

浙江景宁

中速

| 1 6 6 5 6 5 6 6 | 5 6 5 3 5 3 — | 5 6 5 5 1 3 5 3 |

什么 叫声 呷呷呷，哩 啰 哩 啰。 鸭子 叫声 呷呷呷，

什么 开口 叫妈妈，哩 啰 哩 啰。 山羊 开口 叫妈妈，

| 5 6 5 3 5 3 — | 3 6 6 5 6 5 1 3 | 5 6 5 3 5 3 — |

哩 啰 哩 哩。 什么 清晨 喔喔啼，哩 啰 哩 哩。

哩 啰 哩 哩。 什么 夜里 忙得 欢，哩 啰 哩 哩。

| 5 6 6 5 3 1 3 3 | 5 6 5 3 5 3 — ‖

公鸡 清晨 喔喔 啼， 哩 啰 哩 哩。

猫咪 夜里 忙得 欢， 哩 啰 哩 哩。

以动物为题材的作品,曲调简单、幽默诙谐,动物形象具体生动,与幼儿的实际生活息息相关,容易被他们所接受,激发他们的审美兴趣,提高他们的认知水平。谱例3-1《动物问答歌》采用五声调式,旋律音程在四度以内,富有抒情性与歌唱性,具有江南小调特色。该作品采用换头合尾的创作手法,增加了乐曲的趣味性,特别是与歌词"哩啰哩哩"配合,能引起幼儿的注意与兴趣。歌词采用一问一答的形式,增加了乐曲的互动性与旋律性,通过问与答培养了幼儿的思维能力。幼儿在学唱江南民间儿歌的过程中,能在感受江南民间音乐文化的同时,产生愉悦、快乐的情绪,从而培养健康积极的审美情趣。

谱例3-2：

雪花飘飘
（过年童谣）

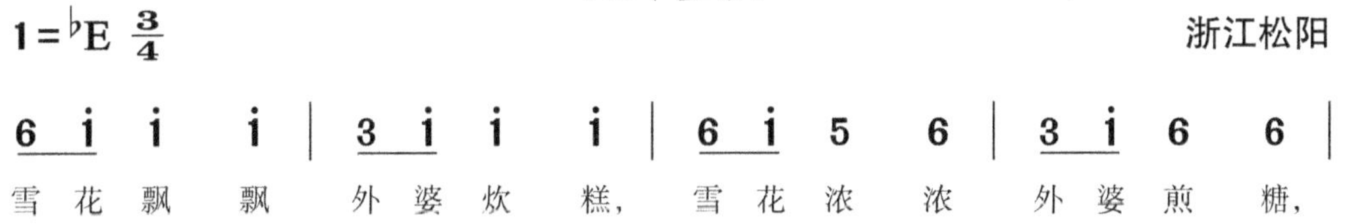

1=♭E 3/4

浙江松阳

| 6 1 1 1 | 3 1 1 1 | 6 1 5 6 | 3 1 6 6 |

雪 花 飘 飘 外 婆 炊 糕， 雪 花 浓 浓 外 婆 煎 糖，

```
6 1 5 5 6 | 3 1 6 5 6 | 6 1 5 3 1 | 3 1 6 1 1 ‖
雪花满大路  外婆做豆腐，雪花满大溪  外婆杀公鸡。
```

（潘福娣唱　杨建伟、李成记）

生活类题材的作品，曲调优美，生活气息浓郁，体现了江南寻常百姓家的生活点滴。谱例3-2《雪花飘飘》采用四声调式，3/4拍，全曲只用了角、徵、羽、宫四音，曲调起伏不大，句式简洁明了，总体感觉柔和、抒情。作品表现出过年时屋外飘着雪花，屋内外婆煎糖做豆腐准备年货的场景，画面温馨，给人以美的享受。在幼儿学唱与欣赏乐曲的过程中，优美的旋律、生动形象的画面能引起他们情感的共鸣，激发他们的审美兴趣，陶冶他们的情操，使他们对真假、美丑、善恶有初步的判断，为今后形成正确的审美观奠定基础。

谱例3-3：

朗朗朗朗马来了

浙江宁波

```
1=F 2/4

5 6 5 3 | 2 3 2 1 | 1 2 1 6 | 5 - | 5 6 5 3 | 2 3 2 1 | 1 2 1 6 |
朗 朗 朗 朗 马 来 了，  朗 朗 朗 朗 马 来

5 - | 1 1 6 1 | 2  3 5 | 2 3 2 1 | 2 - |
了，   我 的 马 儿 不 吃  草。

5 6 5 3 | 2 3 2 1 | 1 2 1 6 | 5 - | 5 6 5 3 | 2 3 2 1 | 1 2 1 6 |
朗 朗 朗 朗 马 来 了， 朗 朗 朗 朗 马 来

5 - | 6 6 5 5 | 3  2 3 | 1· 2 3 | 1 - ‖
了， (我)骑 着 马 儿 四 方  跑。
```

以游戏为题材的作品，曲调欢快，形象鲜明，充满童趣，符合幼儿好玩、好动的年龄特点。谱例3-3《朗朗朗朗马来了》采用五声调式，2/4拍，节奏欢快，二度三度的下行让该曲富有动感，能激发幼儿的兴趣，引起他们的关注。乐曲采用重复与模进的手法展开旋律，通俗易懂、容易歌唱。歌词运用比拟的手法，体现了"玩中学，学中玩"的教育理念，顺应幼儿发展规律，符合幼儿的审美心理特征。幼儿学习此类歌曲，能够心身愉悦，在轻松的游戏情景中尽情地玩耍，在潜移默化中感受江南民间音乐之美，在乐曲声中表现美、创造美，点燃智慧火花，促进身体、智力、情感等方面的和谐发展。

二、江南民间儿歌的形式美,培养幼儿审美意识

江南民间儿歌往往具有音乐形象生动、结构短小、手法淳朴、感情真挚等特点,通过音色、旋律、节奏、力度、曲式结构等形式展现其独特的艺术魅力。江南民间儿歌大多由一段体构成,虽然结构短小,但体现了当时情景下人们发自内心的情感表达。《乐记》中说:"凡音之起,由人心生也。人心之动,物使之然也。感于物而动,故形于声。"这也是江南民间儿歌的动人之处——由心而发。例如浙江建德《呼牛调》,是当时百姓在田间放牛时即兴所作而传唱的音乐,曲调婉约悠长,音色高亢嘹亮,手段简洁明了,全曲由两小节组成,通过散板的形式自由高唱,抒发情感,在歌唱中缓解劳作时的疲惫感,让自己与大自然融为一体。

谱例3-4:

呼 牛 调

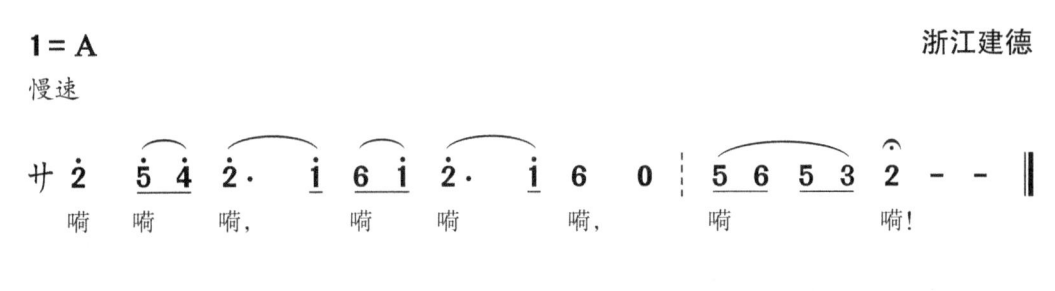

浙江建德

（佚名唱　洛地记）

学前教育阶段儿童的思维特点是以具体形象性思维为主,以具体的感知体验获得创作经验,对自己喜欢、感兴趣的事物能保持相对较长时间的注意力。随着年龄的增长,幼儿各方面能力增强,在音乐教育过程中不能只停留在感性的体验上,要逐步培养他们的审美意识,帮助幼儿形成正确的审美观,追求美,辨别美丑,分辨是非,对美的事物有持续性的关注力与鉴赏力。审美意识是幼儿对审美对象产生主观能动的反映,是主观意识的重要组成部分,将会对幼儿今后的生活与学习产生深远的影响。

江南民间儿歌中有大量历史久远、有年代感的作品,如浙江东阳《介果》。"介果"即覆盆子,是山上的野果,现在的孩子特别是城里孩子基本都没有到山上采摘野果的经历,更不用说有感性的认识。如果没有教师的正确引导,幼儿不会主动对这类歌曲产生情感共鸣,接受它们。但这些民间儿歌是非物质文化遗产的瑰宝之一,反映了一代人的精神风貌与乡风习俗,不应该被遗忘。教师要引导幼儿通过节奏、力度、结构等不具备语义性和直观性的音乐要素感悟创作者的情感,揭示作品的音乐形象,乐于接受一些历史久远、远离幼儿实际生活的江南民间儿歌,培养审美意识。

谱例 3-5：

放 牛 调

浙江义乌

1 = D
中速

$\frac{2}{4}$ 6 i 6 i | $\frac{3}{4}$ 5 6 5﹀ 3 0 | $\frac{2}{4}$ 5 6 5 6 | $\frac{3}{4}$ 5 6 5﹀ 3 0 |
日落西山　乌青（啰）块，　牵牛牵牛　牵转（啰）来。

$\frac{2}{4}$ 6 6 i i | $\frac{3}{4}$ 5 6 5﹀ 3 0 | $\frac{2}{4}$ 6 6 i 6 6 | 5 6 5 6 |
大人牵转来　食夜（啰）饭，　小人牵转来　洗脚垫牛

5﹀ 3 0 | ⁵6 5 | ⁵6 5 | 3 5 5 3 | 2 — ‖
（啰）栏。　哩啰　哩啰　儿哩哩啦　啰）！

（马小妹唱　浙江省音工组记）

  谱例 3-5《放牛调》是浙江义乌民间儿歌，展现了夕阳西下，放牛归来，大人小孩牵着牛回家吃饭的悠闲场景。从曲调上来分析，该曲为 E 商调式，旋律柔和婉转，滑音、倚音的运用增加了作品的趣味性与幽默感，生动地表现出日落西山后百姓结束田间劳作返回家中的喜悦之情。全曲采用一段体的曲式结构，短小简练，由 5 个乐句组成，以 la 与 do 为发展动机展开旋律，前四句都以 so 与 mi 结束，使作品的陈述有呼应感与统一性。乐曲采用变换拍，2/4 与 3/4 交替出现，增加了乐曲的灵动性，节奏型 ×× ×× | ×× × ×0 | 反复出现，使乐曲通俗易懂，便于传唱。平稳的四个八分音符与切分音相结合，给人以一种独特而摇摆的感觉，顿时在脑海里浮现出大人小孩牵着牛、哼着小调返回家中的温馨场景。歌词采用义乌方言，牵转来（牵回来）、食夜饭（吃晚饭）等词语具有浓郁的江南小城地方特色。教师在教授该曲时，比如在学唱或欣赏歌词时，结合情景出示牧童放牛图片，播放乐曲让幼儿仔细聆听，提问听到了什么、歌词与普通话有什么不一样，引发幼儿思考；导入方言，让幼儿猜一猜"牵转来""食夜饭"是什么意思；让幼儿学说方言"牵转来""食夜饭"等词汇，回家和父母亲一起说说当地方言。通过这些环节，增长幼儿的知识面，让他们在此过程中体验到方言的奇妙，潜移默化中培养他们的审美情趣、鉴赏能力和对家乡的感情。

  为给儿童生动形象地还原历史悠久的江南民间儿歌，教师要深入地分析与挖掘歌曲的艺术魅力，通过律动、声势、游戏、歌唱、欣赏等多种教学形式，结合学前教育阶段儿童年龄特点，创新教学手段与方法，运用多媒体手段，让幼儿深入感悟与理解乐曲，了解多元文化，尊重历史，以开放包容的心态理解与接纳民族民间音乐，将中华优秀传统文化根植于心。

三、江南民间儿歌的意境美,提高幼儿审美想象

意境美是指艺术形象中意与境、情与景、心与物交融契合的审美境界。[①]审美想象是人们在审美活动过程中的想象,是能使审美活动顺利开展的一项重要能力,是在长期审美实践活动中产生的审美能力。《幼儿园教育指导纲要(试行)》指出,要引导幼儿接触周围环境和生活中美好的人、事、物,丰富他们的感性经验和审美情趣,激发他们表现美、创造美的情趣。匈牙利音乐教育家柯达伊认为:"音乐要有民族特色,要注重发展和传承本土地音乐文化传统。"江南民间儿歌的意境美不仅体现在具有地方韵味的曲调中,更体现在原汁原味的歌词中,给人以美的享受与无限的想象。学前教育阶段的幼儿正是想象力丰富、对周围事物充满好奇的年龄阶段,要充分利用江南民间儿歌的意境美,培养幼儿的审美想象。

首先,江南民间儿歌的意境美体现在歌词中,其歌词往往贴近幼儿的现实生活,抒发着对美好事物的向往。江南民间儿歌中的很多内容都表达了人们对大自然、对生活的热爱。像是表达儿童与动物们嬉戏场景的歌曲,歌词采用拟人化的手法,将儿童的天性淋漓尽致地表现出来,如浙江泰顺《呼蜻蜓》《换蚂蚁》、东阳《斗鸡鸡》等,都反映出江南地区儿童淳朴与善良的个性。有些歌曲的歌词还蕴含着丰富的人生哲理,教孩子们学知识与做人的道理,如浙江舟山《老实头》通过问答的方式教孩子们认识海涂上的贝壳,浙江嘉兴与义乌的《放牛调》教会孩子们吃苦耐劳的劳动精神,培养他们主动为大人分担工作、孝敬父母的传统美德。

谱例3-6:

火 萤 虫

浙江东阳

$1=C$ $\frac{2}{4}$
中速

《火萤虫》是一首浙江东阳地区的民间儿歌,徵调式,全曲由la、so、mi三个音完成,曲调简单明了,利用节奏变化表现出萤火虫在夜空中忽高忽低飞来飞去,使用倚音使整首乐曲更加俏皮、动感。歌曲勾勒出一幅江南小镇天真烂漫的孩子们在夜色中与萤火虫尽情嬉戏的画面场景,表达了人们对无忧无虑的童年生活的向往。幼儿在学唱或欣赏该曲时

[①] 朱立元.美学大辞典[M].修订本.上海:上海辞书出版社,2014:48.

可让他们闭上眼睛想象,脑海里呈现出夏天的晚上,夜空中繁星点点,草丛旁萤火虫一闪一闪地与他们捉迷藏,体验与萤火虫玩耍的愉悦心情。

其次,江南民间儿歌的意境美体现在具有地方韵味的曲调中。江南在人们的印象中是一个小桥流水、烟雨蒙蒙、充满诗情画意的地方,一方水土养一方人,这造就了江南人民性格中温婉细腻、含蓄柔美的一面,并在流传至今的江南民间儿歌中得到了很好的诠释。江南民间儿歌虽然精练短小,但婉转抒情、清新细腻、质朴的音乐特点得到充分体现,表达了人们心中的所思所想。如浙江乐清《呼牛调》,旋律温婉流畅,通过自散板的形式借物抒情,抒发了家里母亲盼望子女归来团聚的思念之情,质朴的旋律让人脑海里浮现出两鬓斑白的母亲在家门口守望子女归来的场景。

谱例3-7:

呼 牛 调

浙江乐清

(钱济唱 马骧记)

谱例3-8:

对 鸟

浙江乐清

① 介唔:介音gà,方言,即什么。
② 青翠:翠鸟。
③ 天雉鸟:雉鸟。
④ 长尾巴丁:长尾鸟。

（温玲菊唱　朱一正、钱济记）

《对鸟》是浙江乐清一首家喻户晓的民间歌曲,表现了孩子们在山间玩耍、劳作时,以"鸟"为题,采用乐清方言你一句我一句问答对唱。歌曲为五声徵调式,曲调整体由高到低,节奏舒展自由,以散板的形式演唱,采用起承转合的曲式结构。乐曲优美流畅,曲调充满不稳定因素,装饰音的使用让作品尽显诙谐俏皮。衬词"啊""哎"通过倚音的装饰落在自由的延长音上,节奏自由,曲调悠长,恰似孩童在大山里自由喊话,将山歌的高亢绵长、缠绵婉转表现得淋漓尽致,表现了人与自然和谐共处的场景。学前教育阶段的儿童学习这类作品,通过教师分析与讲解、聆听与体验等环节,能够了解江南劳动人民的生活状态与生存环境,感受他们质朴善良的品性,充分发挥想象力,在歌曲中结合现实生活与动物们交流玩耍,让内心充满爱,使内心世界善良而充实。

第二节　江南民间儿歌在学前教育中的伦理价值

伦理不仅包含处理人与人、人与社会、人与自然之间关系的行为规范,也蕴涵着依照一定原则来规范行为的深刻道理,是人们应遵循的道理与准则。我国最早的音乐理论著作《礼记·乐记》中记载了"乐者,通伦理者也",指出了音乐与伦理的关系,它们之间相互融合、相互渗透、相互影响。音乐是声音的艺术,通过曲调、节奏、速度、力度等要素向人们传递真善美。柏拉图曾说过:"节奏与乐调有最强烈的力量进入人心灵深处。"好的音乐作品能净化人们的心灵,唤醒人们内心的伦理道德,使之成为具有高尚情操的社会人,形成良好的社会风尚。

江南民间儿歌历史悠久,是江南劳动人民长期在田间劳作、日常生活中积累的经验,是以民间传唱的方式流传至今的文化遗产与精神财富。他们将生活常识、文明礼仪、道德规范等内容创作在歌曲中,使歌曲幽默诙谐、通俗易懂、朗朗上口,能够通过传唱的方式潜移默化地教会孩子们明白事理,进行伦理教化,养成良好的道德规范。

学前教育阶段的儿童天真、活泼、纯洁、稚嫩,就像是一张白纸,可以绘出最新最美的图画,可以书写最新最美的诗句,可塑性极强。这一时期儿童的思维方式、行为习惯都还不稳定,对事物的认识、对是非的判断还处于朦胧阶段,容易被外界所影响,需要有正确的引导,让他们成长为顶天立地的参天大树。具有地方风味的江南民间儿歌,旋律优美、情感真挚、节奏和谐,给幼儿以美的享受和情感熏陶,歌词具体形象,能反映儿童生活情趣,传播生产、生活知识等内容,容易被幼儿理解与接受。因此,要充分挖掘江南民间儿歌精髓,帮助幼儿在学唱过程中正确处理人与人、人与社会、人与自然的关系,形成良好的道德行为规范。

一、江南民间儿歌在幼儿自我发展中的伦理价值

我国早在先秦时期就以"乐通伦理"为内核,逐渐发展出具有道德象征功能的传统音乐文化,并相承沿袭至今。《礼记·乐记》记载:"凡音者,生人心者也。"儿歌离不开人,它是人文艺术,探寻"以人为本"的伦理价值。每一个人都是有思想能感知、有情感能行动的统一体,学前教育阶段的儿童也同样是独立的个体,只是年龄小、认知有限,自我认同与自我同一性都处在萌芽状态,需要运用更好的载体来促进自我发展。幼儿自我发展一般包括对自己身体、心理活动、行动的认识与评价,主要体现在自我认识、自我体验、自我控制的发展三个方面。

江南民间儿歌中蕴含了风光旖旎的景色美、孝敬父母的传统美、吃苦耐劳的劳动美等要素。例如,在江南民间儿童歌曲中,几乎各个地区都有《呼牛调》《放牛调》等大量跟放牛相关的儿歌,向后人表明了我国是一个农业大国,劳动人民祖祖辈辈耕耘在田间,放牛是农耕时代孩子们最常见的一项任务,字里行间体现了劳动人民吃苦耐劳、勤劳勇敢的品质。如浙江海盐《呼牛调》,歌词中唱到"东方打白头鸡啼,老板叫我放牛去"。"东方打白头鸡啼"描绘了一幅天刚蒙蒙亮,公鸡啼鸣、云雾缭绕的江南农村景色图,通过教师的引导,孩子们在体验美、感受美的过程中产生愉悦之情,逐渐形成对自我情绪体验的客观评价。"老板叫我放牛去"则让孩子们通过传唱了解那个时代的同龄人早上天蒙蒙亮就要赶着去放牛,引申到自己,也要每天早上早早起床上幼儿园学习本领,逐步形成自我本体的概念。江南民间儿歌中的精髓值得我们从不同角度去深挖,体现其价值,古为今用,通过与时俱进的方式让幼儿体验与学习,促进幼儿自我发展。

谱例3-9:

正月兰草花

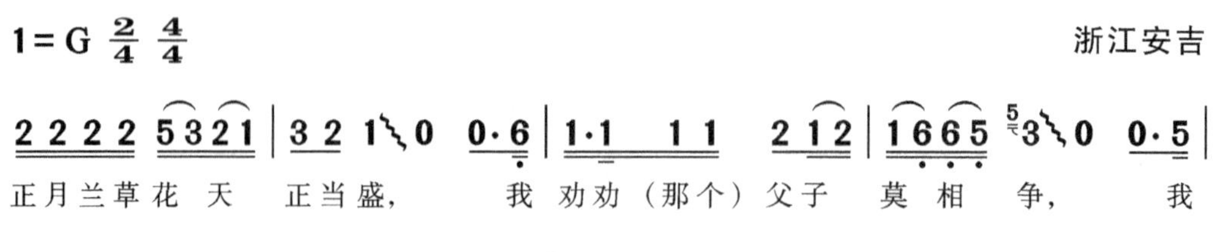

浙江安吉

$1=G$ $\frac{2}{4}$ $\frac{4}{4}$

| 2 2 2 2 5 3 2 1 | 3 2 1 0 | 0.6 | 1·1 1 1 | 2 1 2 | 1 6 6 5 $\overset{5}{3}$ 0 0.5 |

正月兰草花 天 正当盛, 我 劝劝(那个)父子 莫相争, 我

```
3·3  33    1 6̂ 1 | 5 5  6̂ 0   0·5 | 5 5   5 6 | 1 2 | 2 1 ²5 - 0 ‖
父是（那个）天来    母是地，    我父母（那个）恩情 比海 深。
```

（由安吉县文化馆提供）

《正月兰草花》是流传于浙江安吉的民间儿歌，"我"以旁观者的视角劝解一对正在争吵的父子，告知儿子父是天、母是地，父母的恩情深似海。歌曲中既有"美"的意境，又有"善"的内涵。"正月兰草花正当盛"，交代了事件发生时间是在正月里，正是家家户户团团圆圆阖家欢乐的美好日子，言外之意就是要珍惜当下享受团聚的时光，为后面劝解父子不要争吵做了铺垫，体现了创作者的智慧。通过两句歌词"父是天来母是地，我父母恩情比海深"唱出了中国传统美德，告诫子女要孝顺父母，感恩父母的养育之恩。《正月兰花草》体现了"乐以载道"的音乐文化，通过优美的旋律、通俗易懂的歌词表达作为子女孝顺父母的伦理观，反映出时代的道德风尚。让幼儿学习此类歌曲，感受儿歌中传递出的美与善，能使他们的心灵受到净化与洗涤，懂得做人的道理，引导他们明辨是非美丑，潜移默化地进行道德感染，让他们逐渐养成以更自觉、更高尚的价值观指导与评价个人的行为规范与道德意识。因此，优秀的江南民间儿歌对幼儿的自我发展起到促进作用。

二、江南民间儿歌在幼儿群体发展中的伦理价值

江南民间儿歌是在孩子们嬉戏、大人照顾孩子、劳作生活等过程中创作的符合儿童身心特点的、人们口头传作的歌曲，具有一定的实用性、娱乐性和群体性。人们将为人处世之道创作到歌曲中，以灵活生动的传唱方式教会孩子如何与人相处，促进社会交往能力，帮助儿童身心全面发展，形成健康的人格和社会认同感。学前教育阶段是儿童社会性发展的重要时期，幼儿社会性发展容易受父母、同伴的影响，具有模仿性、情境性、从他性、不稳定性等特点。首先，父母是孩子的第一任教师，父母对生活细节的处理、自己的言行、为人处世的方法都可能对孩子产生巨大影响，是否具有良好的家庭氛围直接影响孩子的社会性发展。其次，同伴交往在儿童的社会性发展中发挥举足轻重的作用，良好的同伴关系有助于促进幼儿积极、和谐、全面发展。孩子的行为习惯、道德观念、是非判断都是在与同伴的交往过程中逐步养成的，良好的同伴关系有助于儿童的认知和人格健康发展。

江南民间儿歌受中国传统文化儒家思想六德（智、信、圣、仁、义、忠）、六行（孝、友、睦、姻、任、恤）、六艺（礼、乐、射、御、书、数）的影响，有大量教儿童为人处世之道的歌曲。例如，摇儿歌，即摇篮曲，是大人哄小孩睡觉时唱的歌曲，曲调细腻优美，充满爱意。如浙江萧山《摇儿歌》中的"囡囡，宝宝，心肝肉，囡囡宝宝要困哉"，短短的几句歌词，体现出父母对孩子浓浓的爱。幼儿在传唱过程中，通过体会父母的爱，联想到自己也要爱父母，爱身边的人。通过这类歌曲的学习，他们内心会充满爱，能友善地对待亲人、朋友以及周围的人，为今后更好地与人交往打下良好的心理基础。又如，嬉戏类儿歌是儿童边嬉戏边唱的歌曲，这类歌曲不仅受孩子们喜欢，而且符合乐由心生的情感体验，在音乐游戏过程中能

够促进儿童社会性的发展。如儿歌《拍皮球》,"小皮球,香蕉梨,马兰开花二十一,二五六,二五七,二八二九三十一",幼儿跟同伴一起一边唱着儿歌一边拍皮球,在愉快而自由的音乐游戏中更具体、更形象地感受与理解音乐,获得积极的情绪情感体验。幼儿全身心投入拍皮球游戏中,在共同游戏中逐渐明白哪些行为受同伴喜欢,哪些行为不受同伴欢迎,主动关注他人的情绪变化,懂得如何与人相处,从而促进社会交往能力发展。

谱例3-10：

麻将不要搓

浙江定海

1=D 2/4

3 5 3 5 | 6 5 6 | 3 6 5 3 | 2 1 2 | 2 5 3 2 | 1 6 1 |
麻将 麻将　不要 搓，联防 队员　要来 抓，一抓 抓到　派出 所，

1 3 3 2 | 5 6 1 | 3 2 3 2 | 1 3 2 | 1 1 2 3 | 2 - ‖
所长 问你　搓不 搓，若是 今后　又在 搓，电棍 烫嘴 巴。

（虞慈琼唱　李成记）

《麻将不要搓》传唱于浙江定海,商调式,由mi、sol、la、re四音构成,旋律简洁明了,朗朗上口。歌词通俗易懂,接地气,直截了当告诫人们不要搓麻将,今后再搓会被电棍烫嘴巴。虽然歌词直白,却真实地反映了社会现实。搓麻将经常与赌博联系在一起,是一种社会不良风气,大人搓麻将,小孩没人管,输了钱导致家里日子没法过,会引发一系列社会问题。幼儿在传唱时,明白搓麻将是不良风气,不被提倡,从而知道要遵守社会公约,不能违反道德规范,否则会受到社会舆论的谴责,甚至会被法律制裁。学前教育阶段的儿童年龄小、阅历浅,可塑性强,俗话说"没有规矩不成方圆",应该帮助儿童从小树立规则意识,自觉遵守社会道德规范,让规则成为行动的准绳,内化于心,外化于行,为今后形成正确的人生观与价值观打下扎实的基础。这也体现了江南儿歌在幼儿群体发展中的伦理价值。

三、江南民间儿歌在幼儿与自然关系中的伦理价值

汉代刘安在《淮南子》中说"乐生于音,音生于律,律生于风,此声之宗也",认为声律来自于自然之声,大自然是音乐的源头。江南民间儿歌中既有儿童接触大自然、感受世界万物美好的题材,也有儿童与动物嬉戏玩耍,体验人与动物和谐相处,反映童真童趣的题材,唱出了儿童天真烂漫、纯真朴实的本性。学前教育阶段的教育要适应儿童的年龄特征与自然本性,顺应儿童天性,遵循儿童发展的自然规律。儿童天生有接近大自然的意愿,对外界充满好奇,潺潺的流水、婉转的鸟鸣、娇艳的花朵都给他们带来无限的遐想与乐趣。

江南民间儿歌让孩子们徜徉于大自然中,阳光、蓝天、溪水、星空,天为盖,地为床,主

动接近大自然,感受大地之美,获得生命的力量。如浙江海宁《海宁景致有名望》,"八月十八看江潮""惊涛骇浪呀多澎湃,好似那千军万马上战场",生动形象地描绘了气势磅礴、雄伟壮观、声势浩大的钱江大潮,赞美祖国的大好河山。再如浙江温州《叮叮当》歌词中的"孤老堂""松台山""仙人井""妙果寺"都是当地风景名胜,让孩子们身临其境感受自然风光美。孩子们与动物嬉戏玩耍是其天性的表现,他们对世界万物充满好奇,在他们眼里动物跟人一样,与动物对话、嬉戏玩耍,充满童真,内心充实而善良。如浙江泰顺《唤蚁歌》《唤蚂蚁》、衢州《喂臭蚁》,都是以蚂蚁为题材的民间儿歌,小小的蚂蚁引起孩子们的好奇,拟人化的歌词"你吃骨、我吃肉""蚁哥、蚁哥,外婆喊你吃肉、吃酒""蚁蚁公、蚁蚁婆,蜻蜓苍蝇唤你驮"生动地刻画了孩子们蹲在地上与蚂蚁对话的场景。传唱这些歌曲,幼儿内心会充满爱意,对弱小动物抱有同情与怜悯,自然而然地珍爱大自然中的生命。通过学习江南民间儿歌,孩子们逐渐明白青山绿水、鸟语花香是大自然赠与人类最珍贵的礼物,是人们赖以生存与发展的基本条件,人们要遵循自然发展规律,从小就要有保护环境、爱惜生命的意识,培养与自然和谐共生的生态观,树立正确的生态伦理观念。这也体现了江南民间儿歌在幼儿处理与自然关系中的伦理价值。

谱例3-11:

小 放 牛

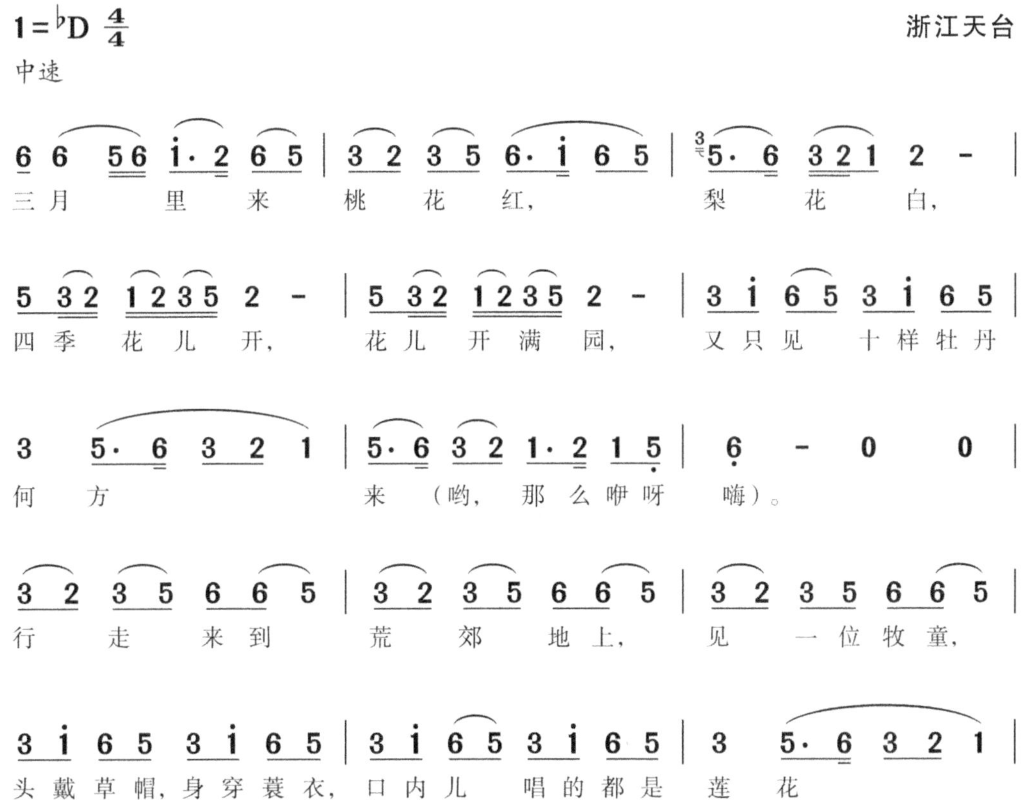

浙江天台

$1=\flat D$ $\frac{4}{4}$

中速

6 6 5 6 1·2 6 5 | 3 2 3 5 6·1 6 5 | ³5·6 3 2 1 2 - |
三月　里来　桃　花　红，　梨　花　白，

5 3 2 1 2 3 5 2 - | 5 3 2 1 2 3 5 2 - | 3 1 6 5 3 1 6 5 |
四季花儿开，　花儿开满园，　又只见　十样牡丹

3 5·6 3 2 1 | 5·6 3 2 1·2 1 5 | 6 - 0 0 |
何　方　　来（哟，　那么咿呀　嗨）。

3 2 3 5 6 6 5 | 3 2 3 5 6 6 5 | 3 2 3 5 6 6 5 |
行　走　来到　荒　郊　地上，　见　一位　牧童，

3 1 6 5 3 1 6 5 | 3 1 6 5 3 1 6 5 | 3 5·6 3 2 1 |
头戴草帽,身穿蓑衣,　口内儿　唱的都是　莲花

```
  ⌢           ⌢
5· 6  3 2  1· 2  1 5 | 6 - 0  0 ‖
调  (呀  那 么  咿 呀  嗨)。
```

（鹤芬唱　赵光美记）

  《小放牛》属于江南民间儿歌中最常见的放牛题材，该曲流传于江南小镇天台，牧童头戴草帽、身穿蓑衣，哼着小曲骑在牛背上，穿梭在桃花红、梨花白的乡间小道上，展现在人们眼前的是一幅天人合一、恬静舒适、悠然自得、人与自然和谐共生的美丽画卷，反映了人们内心对远离世俗喧嚣、安然自乐生活的追求。歌曲旋律富有江南地方韵味，羽调式，中速，4/4拍，旋律线优美连贯。起始部分旋律悠扬恬静，直接把人带入满园春色、桃花盛开的美丽场景中，给人以美的享受，净化心灵。"3 2　3 5　6 6　5"连续出现三次，使乐曲变得轻松愉快有动感，与歌词"行走来到荒郊地上，遇见一位牧童"配合得天衣无缝，让人有身临其境与牧童相遇的感觉。幼儿学习与传唱《小放牛》，不仅能感受到旋律、速度、节奏给他们带来的愉悦之情，还能借诗情画意的歌词描绘的阳春三月江南牧童图激发想象，体会其意境，体验以前同龄人的生活情趣，从而产生对美好生活的向往与对劳动人民的热爱之情。通过学习这类江南民间儿歌，孩子们心中种下人与自然和谐相处的种子，明白人与自然共生共荣，形成珍爱自然、呵护自然的生态美德。

第三节　江南民间儿歌在学前教育中的认知价值

  认知，是指人们获得知识或应用知识的过程，或信息加工的过程，这是人最基本的心理过程。它包括感觉、知觉、记忆、想象、联想、思考等。人脑接收外界输入的信息，经过脑的加工处理，转换成内在的心理活动，进而支配人的行为，这个过程就是信息加工的过程，也就是认知过程。江南民间儿歌是由百姓创作的，代代相传并保留至今，无论是创作者还是传唱者都会融入自己独特的感觉、知觉、想象、联想等认知。创作者会根据自己对事物的认识与理解，为人处世的态度，以及当时所处的环境等因素加工处理，将自己的情感融入歌曲中，或教会儿童做人的道理，或教会儿童生活常识，或向儿童传递人间的真善美，等等。让儿童传唱短小精悍、具有鲜明地域特色的儿歌，能起到丰富知识、开阔眼界、培养情操、提升智力、健全人格等作用，发挥儿歌的认知价值。

  学前教育阶段的儿童认知水平较低，认识事物主要通过直接感知与动作，从而获取直接经验，思维仍具有直觉行动性的特点。他们的记忆带有无意性，直观的、形象的、具体的、鲜明的、生动的事物容易被他们自然而然地记住。江南民间儿歌就是根据儿童的这些年龄特点创作的，适合他们演唱的歌曲。如上海嘉定《对麻雀调》："一只麻雀一个头，二只翅膀跃跃游，二只小脚往前跑，二只眼睛乌溜溜，一个尾巴翘了翘……"歌曲通过麻雀的头、翅膀、小脚、眼睛帮助幼儿学会数数，直观形象、趣味性强，配上朗朗上口的旋律，乐于被幼儿所接受。歌曲唱完一只麻雀唱二只，可以以此类推，提高幼儿对数字的灵敏性与应变能力。江南民间儿歌凝结了江南百姓在生活中积累的经验智慧与美好期盼,通过歌曲的形式传递给下一辈,引导孩子们认识自己、认识世界,使他们启迪心智明白事理,对他们寄予了厚望。江南民间儿歌通常语言浅显、通俗易懂、口语化、接地气,儿童在反复吟唱的过程中能不断地积累词汇,提高语言表达能力。因此,江南民间儿歌的认知价值是显而易见的,合理加以运用能在幼儿成长过程中起到事半功倍的作用。

一、培养幼儿感知觉能力,拓宽其知识面

江南民间儿歌来源于民间,取材于日常生活中的方方面面,融合了江南区域的文化特色与地方民俗。儿歌种类多,形式多样,内涵丰富,颇受孩子们喜欢,对于培养幼儿感知觉能力,拓宽其知识面发挥着重要作用。心理学指出,感觉是人脑对当前直接作用于感觉器官的客观事物的个别属性的反映,知觉是人脑对当前直接作用于感觉器官的客观事物的整体属性的反映。在日常生活中,当人们一经感觉某一事物的个别属性时,马上就会知觉到该事物的整体及内在联系,因此通常把感觉与知觉称为感知觉。感知觉是人最早出现的认识过程,是其他认知过程的前提与基础,对于3—6岁的幼儿来说,感知觉占据了重要位置,思维、记忆、想象等心理过程都依赖于感知觉所接收的信息。

江南民间儿歌中有不同题材与种类的歌曲,对幼儿感知觉能力的发展有着不同的作用。

有些儿歌在歌唱过程中潜移默化地让幼儿认识数字与学会数数。这类歌曲通常与动物相结合,具体形象,富有趣味性,寓教于乐,帮助幼儿掌握数字的概念。如浙江杭州《十只麻雀》,"一只麻雀插天飞,一飞飞到头发巷里……"教会幼儿认识十以内的数字;浙江金华《数螃蟹》,"请问螃蟹脚儿有几多?螃蟹生来八呀八只脚",通过问答的方式教会幼儿数数;上海嘉定《对麻雀调》,"一只麻雀一个头,二只翅膀跃跃游,二只小脚往前跑……二只麻雀二个头,四只翅膀跃跃游,四只小脚往前跑……";浙江缙云《数田鸡》,"一只田鸡一张嘴,两只眼睛八条腿……"等等。

也有些江南民间儿歌是帮助幼儿认识事物的问答歌。这类歌曲通常结合具体形象的客观事物,通过问的形式将幼儿需要掌握的事物个别属性特征归纳出来,通过答的形式将属性特征与事物巧妙地结合在一起,通过一问一答、妙趣横生的方式帮助幼儿认识与分辨事物。如浙江景宁《动物问答歌》,"什么清晨喔喔啼,公鸡清晨喔喔啼……";浙江定海《老实头》,"长长胖胖是啥东西?长长胖胖是蛏子……";上海《啥鸟飞来节节高》,"啥鸟飞来节节高,叫天子飞来节节高……"等等。这些歌曲都是通过问答的方式教会幼儿认识事物,幽默诙谐,充满童趣,有助于幼儿增长知识,提高观察能力与辨别事物能力。

还有些江南民间儿歌是帮助幼儿了解民俗的风俗歌。这类歌曲通常将传统节日及地方特色风俗融入儿歌,让幼儿了解各类节日,拓宽知识面,传承传统文化。如浙江海宁《海宁景致有名望》,"八月十八看江潮,人山人海好热闹",让幼儿了解每年农历八月十八是观潮节,大家会不约而同地赶到江边欣赏大自然的杰作。通过传唱,让幼儿明白潮汐是由月亮与太阳对地球表面海水的吸引力造成的,中秋前后三者的位置连起来恰好接近直线,且是地球比较接近太阳的时候,因此八月十八的潮水是一年中最大的,所有会有歌词所描绘的情景。这让幼儿不仅能在音乐中体验到美,还能通过歌词增长知识、开阔视野。

谱例3-12:

对 花

浙江安吉

1=D

中速

（乐谱略）

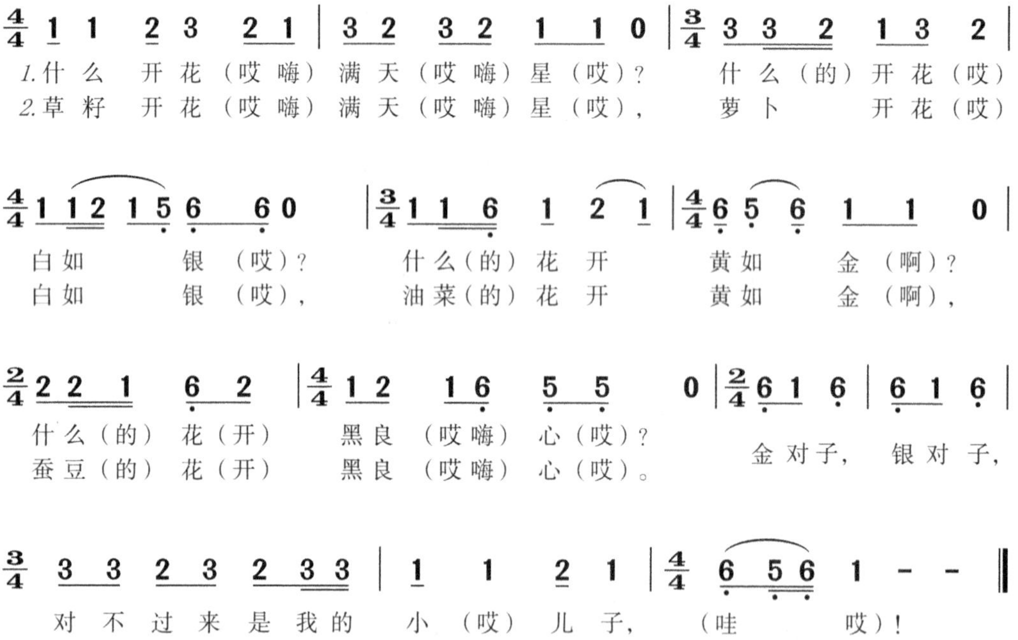

（佚名唱　詹轲媛记）

《对花》流传于浙江安吉,是一首问答式的对唱曲,采用混合拍,4/4拍、3/4拍、2/4拍交替使用,让乐曲更加灵活自由。曲调轻松愉快,歌词幽默诙谐,"对不过来是我的小儿子"体现出乡村孩子顽皮、充满野趣的一面。学前教育阶段的儿童学习该曲,首先能学会辨别白、黄、黑等颜色。歌曲开始就直接提出"什么开花白如银""什么花开黄如金""什么花开黑良心"等问题,引起幼儿思考,引导其认识与辨别色彩。其次能提高观察能力。幼儿会带着任务与目的,有意识地发现周边事物的颜色,激发学习兴趣,将无意观察转化为有意观察,使专注力与持续力得到提升。再次能提升听觉能力。音乐本身就是听觉艺术,学唱儿歌能让幼儿辨别音的高低、声音的大小、节奏的快慢等。除此之外,问答式的歌词能让幼儿仔细聆听,具备有针对性的倾听、抓住关键词的能力,培养良好的听觉习惯。我们要多角度深入分析与挖掘江南民间儿歌的精华,发挥江南民间儿歌的认知价值,使幼儿通过各种途径提高感知觉能力,增长知识,开阔视野,为今后的学习打下扎实的基础。

二、提高幼儿记忆力,发展其思维能力

江南民间儿歌是江南百姓引导儿童认识自己、认识社会、认识世界的重要载体,是儿童人生的启蒙者与引路人。江南百姓从儿童角度出发,创作了大量符合儿童记忆与思维特征的作品,通过幽默风趣的歌词、优美和谐的旋律培养他们的有意记忆与发散性思维。记忆是人脑对经验过事物的识记、保持、再现或再认,它是进行思维、想象等高级心理活动的基础。学前教育阶段儿童记忆的特点是无意记忆与形象记忆占优势,有意记忆与语词逻辑记忆在成人的引导下逐渐发展。幼儿容易对鲜明具体、生动形象的事物产生兴趣、进行识记,因此相比较难理解的诗词,其对通俗易懂、富有情感的儿歌的识记效果更好。思维是以人已有的知识为中介,对客观事物的概括的、间接的反映。它借助语言、表象或动作实现,是认知活动的高级形式。学前教育阶段儿童以具体形象思维为主,抽象逻辑思维处于萌芽状态。幼儿依靠头脑中已有的物体形象或实物进行思维活动,儿歌中蕴含的知识与经验可以使幼儿知识越来越丰富,让幼儿产生广泛的联想,其思维也随之越来越活跃、敏捷。

江南民间儿歌的内容往往较浅显、易理解,运用简单有趣的韵语、问答、游戏等形式进行表达。儿歌中的问答歌、数字歌、游戏歌等都能帮助幼儿培养记忆力,激发求知欲,提高思维逻辑能力。问答歌通常使用设问的方式引起幼儿思考,唤起幼儿对周围事物的注意与观察,让其结合已有知识经验对问题进行分析、比较、归纳并做出回答。这一系列的心理过程,不仅能唤起幼儿的有意记忆,还能提高幼儿的思辨能力,帮助他们更好地认识与理解周围的世界。比如浙江宁海《介㖮尖尖》问"介㖮尖尖在山头,介㖮尖尖水中游",答"茅草尖尖在山头,螺蛳尖尖水中游",突出了茅草、螺蛳"尖尖""在山头""水中游"等属性。歌曲提问抓住要点、有概括性,回答具体形象,幼儿在分析与归纳的过程中学会抓住事物的个性特征与关键点,通过吟唱不仅加深了记忆,还培养了逻辑思维能力。江南民间儿歌中的数数歌与数字歌不仅教会幼儿认识数字,还培养幼儿数字推算能力。比如浙江缙云《数田鸡》,"一只田鸡一张嘴,两只眼睛四条腿"唱完再唱"二只田鸡二张嘴,四只眼睛八条腿",以此类推。幼儿在吟唱过程中,不仅学会了数数,加深了对数字的记忆,还对数的倍数有了初步概念,逻辑推理能力在无形中得到培养。

谱例3-13:

逗 儿 歌

浙江萧山

$1=\flat B$

中速

$\frac{3}{4}$ 2 3 $\overset{2}{\underset{=}{3\ 2}}$ 3 | 1 2 $\overset{12}{\underset{=}{1\ 6}}$ 6̣ | 1 2 1 2 1 6̣ | $\frac{2}{4}$ 6̣ - |

骑 马(郎　　郎),骑 马(郎　　郎),骑 马 到 松　　　江。

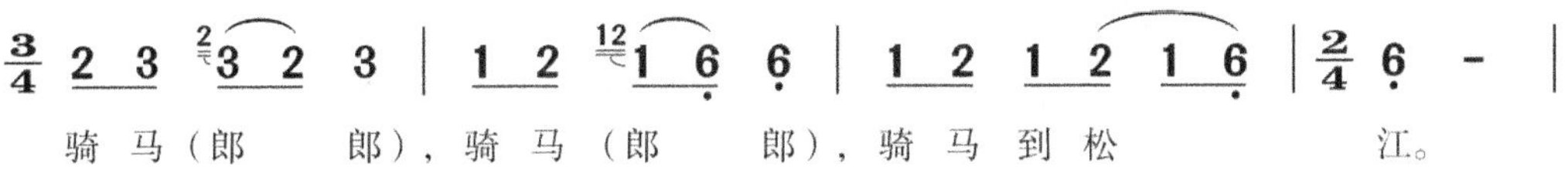

松江买本书,放在床头嘟。日也读,夜也读,歇两日做个状元郎。

（阮未青唱　陈晨记）

《逗儿歌》流传于浙江萧山,是一首大人逗儿童玩耍时唱的歌曲,大人架起腿将小孩放在膝盖上,边唱边有节奏地抖动。大人在与孩子轻松愉悦的亲子游戏中对他们提出了期望,要求孩子养成"日也读,夜也读"的学习态度,提出"做个状元郎"的美好愿望。首先,这样的游戏说唱方式比起单纯的说教更容易被幼儿接受并牢记。游戏对于幼儿有很大的吸引力,其适应幼儿的感知动作、记忆、思维等特点,在欢快、松弛的游戏情景中,活动内容容易在幼儿脑海中留下非常深刻的印象,再加上乐曲优美的旋律、变化的节奏,更加深了幼儿记忆。其次,歌词的内在含义具有一定的逻辑性。幼儿坐在大人膝盖上抖动,抖动的感觉让其联想自己是骑着马去松江买书,买完书后放在床头,日也读、夜也读,这样将来才能考状元。在儿歌学习中,幼儿明白了只有通过勤奋学习才能学有所成,逐渐了解事物之间是具有一定内在逻辑关系的,从而培养抽象逻辑思维。由此可见,江南民间儿歌对提高幼儿记忆力,发展幼儿抽象逻辑思维起着积极推动作用。

三、丰富幼儿想象力,提升其语言表达能力

江南民间儿歌跟其他音乐一样,源于生活又高于生活。它是以生活中的点滴小事或生活经验作为素材,通过创作者的艺术加工,用精练的语言、生动的曲调,以儿歌形式抒发感情、交流思想、传递信息。歌曲中融合了创作者的美好愿景,内容充满故事性与情境性,源自幼儿的实际生活,容易引发幼儿的联想,激发幼儿丰富的想象力。想象是对人脑已有的表象进行加工改造,形成新形象的心理过程。想象可以创造人们未曾感知过的事物,也能创造现实生活中不可能存在的形象,具有新奇性。3—6岁的幼儿想象力丰富,会根据自己已有的生活经验与记忆表象进行天马行空的联想,在脑海中创造出崭新的形象。想象力是灵感的重要源泉,创造力是将灵感实现的重要基础,它们是人类进步的动力,对幼儿成长发挥着重要作用。意境美、旋律美、富有感情的儿歌可以激发幼儿的想象力与创造力。语言是人们用来传递信息、交流思想、表情达意的沟通工具,学前教育阶段的儿童处于语言学习的关键期。由于受年龄限制,他们学习能力相对较弱,形象有趣、富有韵律、简单易学的儿歌容易被他们所接受,激发他们学习的兴趣,有助于他们在短时间内掌握一定数量的词汇,是提高幼儿语言感知能力与表达能力的重要途径。

江南民间儿歌是儿童较早接触的文学艺术作品,他们在婴儿时期就听着母亲哼唱的

摇儿歌入睡,虽然不能说话,但是能体会到母亲浓浓的爱以及音乐传递的韵律美。首先,儿歌的创作通常会使用拟人、比喻、夸张、设问等表现手法,这些表现手法让儿歌生动形象,帮助幼儿理解事物,符合幼儿的审美情趣与思维特点,激发幼儿的想象力,促进幼儿的语言表达能力。比如浙江安吉《对花》,"白如银""黄如金"运用比喻手法将白色比作银子、黄色比作黄金,加深幼儿对白色与黄色的印象,丰富幼儿的词汇;泰顺《换蚂蚁》《换蚁歌》运用拟人手法将蚂蚁称作蚁哥、蚁公、蚂婆,让幼儿联想到蚂蚁成群结队搬运粮食的有趣场景,活跃幼儿的思维能力,促进幼儿想象力的发展;海宁《海宁景致有名望》运用夸张手法描写"浪潮浪浪冲云霄",让幼儿在脑海里形成雄伟壮观的潮水形象,给他们带来巨大的震撼,产生天马行空的想象力。其次,江南民间儿歌曲调抒情优美,给幼儿创设了无拘无束、自由遐想的空间。比如浙江安吉《牧牛呼声》、象山《放牛调》、嵊州《呼牛调》,均是旋律婉转悠长、优美动听,歌词中有"来""啰""哦"等象声词,可以让孩子们自由地、尽情地陶醉在美妙的音乐中展开想象,跟同伴分享自己的所思所想。再次,江南民间儿歌短小精练,常使用反复,简单易学,朗朗上口,便于幼儿记忆与传唱,无形中帮助他们积累了大量的词汇与简单句子。同时,江南民间儿歌一般使用当地方言,能帮助幼儿掌握一定的当地语言,促进幼儿的口语表达能力与理解能力。

谱例3—14:

摇 儿 歌

浙江萧山

$1=\flat B \quad \frac{6}{8}$

中速稍快

| 0 3 5 7· | 6 6 5 6· | 5 6 1 6 1· | 1 2 1 2 2 1 6 | 1 1 5 6· ‖

囡 囡(啰), 宝宝 (啰), 心肝肉(啰), 囡囡宝宝要 困哉 (啰)

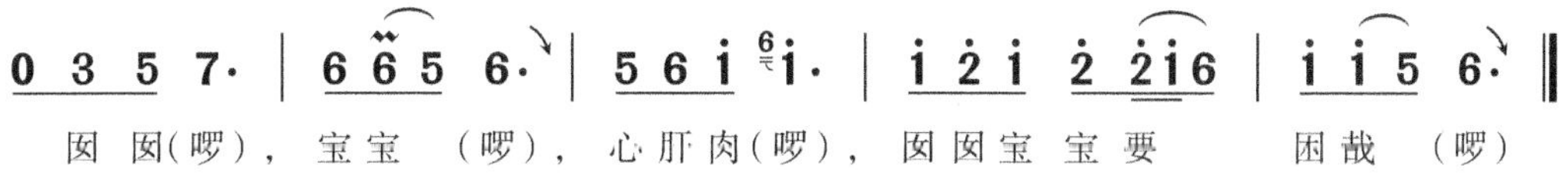

(周小毛唱 陈辰记)

《摇儿歌》流传于浙江萧山,是母亲(大人)哄孩子入睡时哼唱的儿歌,短小精练。歌曲采用6/8拍,让人有推着摇篮或抱着孩子左右摇摆的动感,将孩子逐渐带入梦乡,意境优美,形象鲜明,充满爱意。幼儿在学唱该曲时,在脑海里浮现出夜深人静的夜晚,妈妈抱着孩子轻轻哼唱哄孩子睡觉的场景,甚至会联想到鸟儿不叫了,星星也睡了……将自己已有的生活经验串联起来。在此过程中,培养了幼儿的有意想象与再造想象,从而提高了他们的想象力与创造力。该曲歌词内容浅显,主题单一,叠词"囡囡""宝宝"的使用符合幼儿学习语言的特点,配上富有动感的节拍,容易被幼儿接受并熟记,满足幼儿初级语言的学习要求,增加幼儿词汇的积累。江南民间儿歌对于丰富学前教育阶段儿童的想象力与创造力,提高其语言表达能力有着不可忽视的作用与价值。

综上所述,江南民间儿歌对于学前儿童的发展而言,价值重大。民间儿歌不仅在学前教育中具有审美、伦理、认知等方面的价值,在文化传承、情绪情感表达、社交能力提升、社会规则意识建立等方面也呈现出音乐艺术所特有的潜移默化的育化功能。幼儿的年龄特点决定了他们的纯真与简单,他们都喜欢唱唱跳跳,我们要发挥好民间儿歌的独特优势,在幼儿发展过程中让民间儿歌发挥积极作用。

第四章

江南民间儿歌在学前教育中的实践

江南民间儿歌对于学前儿童的发展意义和价值毋庸置疑,无论是在丰富日常生活、承继地域文化、播种家乡情怀方面,还是在提升他们各种能力方面,都具有重要作用。那么,如何让民间儿歌在幼儿教育实践中,包括在家庭教育、幼儿园教育、社会教育中,真正发挥作用,值得我们研究、探讨。

第一节 民间儿歌在家庭亲子活动中的实践

民间儿歌(或民间童谣)是以口耳相传的形式流传至今,因此家庭教育发挥着极大的作用。回想起来,童年的歌谣都是从老人家的口中、与同伴游戏的过程中习得的,有些虽不知其意,却玩得不亦乐乎。古代论述童谣,称童谣是"天地之妙文",它不训诫,不说教,在玩耍中让孩子们开朗、乐观,不做作,有幽默感。在家庭中跟孩子们通过儿歌童谣传递文化,建立良好的亲子关系,是家庭教育非常好的一条路径。

一、故事里的民间儿歌

幼儿都喜欢听故事,故事是幼儿了解世界、认识世界、表达情绪情感的重要途径。听故事能让孩子的生活充满想象、充满期待,丰富他们的情感。相信孩子们在家都爱听故事,一些古老的故事里往往会加入一些民间儿歌,使整个故事演绎起来非常生动。

1.《大萝卜》

一个老爷爷种下了萝卜,他对萝卜小幼苗说:"长大吧,长大吧,萝卜啊,长得甜呐!长大吧,长大吧,萝卜啊,长得结实啊!"

慢慢地萝卜长出来了,长得又甜,又结实,大得不得了。

老爷爷就去拔萝卜,他拔了又拔,拔不出来。

老爷爷把老婆儿叫来。

老婆儿拉老爷爷,

老爷爷啊拔萝卜——

他们拔了又拔,拔不出来。
老婆儿把孙女儿叫来。
  孙女儿拉老婆儿,
  老婆儿拉老爷爷,
  老爷爷啊拔萝卜——
他们拔了又拔,拔不出来。
孙女儿把小狗儿叫来。
  小狗儿拉孙女儿,
  孙女儿拉老婆儿,
  老婆儿拉老爷爷,
  老爷爷啊拔萝卜——
他们拔了又拔,拔不出来。
小狗儿把小猫儿叫来。
  小猫儿拉小狗儿,
  小狗儿拉孙女儿,
  孙女儿拉老婆儿,
  老婆儿拉老爷爷,
  老爷爷啊拔萝卜——
他们拔了又拔,拔不出来。
小猫儿把小耗子儿叫来。
  小耗子儿拉小猫儿,
  小猫儿拉小狗儿,
  小狗儿拉孙女儿,
  孙女儿拉老婆儿,
  老婆儿拉老爷爷,
  老爷爷啊拔萝卜——
他们拔了又拔——终于把萝卜拔出来了。

亲子活动建议:阿·托尔斯泰是俄国著名的作家,是公认的俄罗斯文学语言大师。这个《大萝卜》的故事是他为孩子们创作的。故事从老爷爷种下萝卜开始,通过他对萝卜的精心养护和美好的祈愿,萝卜变得又甜又结实,大得不得了!于是开始拔萝卜。一个人拔不动,两个人,两个人拔不动,三个人拔……就这样,经过大家的一起努力,萝卜终于拔起来了!这个故事用了反复、不断增加的手法,既符合这个时期孩子们喜欢重复的心理特点,又通过重复给孩子以语言的示范来刺激和练习,发展孩子的语言能力。当家长给孩子讲这个故事,讲到他们拉在一起的时候,就把那首《拔萝卜》的儿歌唱一遍,同时还可以跟孩子一起做拔萝卜状,并随着音乐一前一后地摇摆。这样不仅把故事演绎得更加生动有趣,而且那首歌曲也就自然而然地融入其中,为民间儿歌的传承发挥了作用。

2.《小兔乖乖》

兔妈妈有三个孩子,一个叫红眼睛,一个叫长耳朵,一个叫短尾巴。

有一天,兔妈妈对孩子们说:"妈妈到地里去拔红萝卜,你们好好儿看着家,把门关得紧紧的,谁来叫门都不开,等妈妈回来了才开。"

兔妈妈说完话,就拎了篮子,到地里去了。小兔子记住妈妈的话,把门关得紧紧的。过了一会儿,大灰狼来了,他想拿小兔子当点心吃,可是门关得紧紧的,进不去啊!

大灰狼坐在小兔子家门口,眯着眼睛,正在想坏主意,就看见兔妈妈回来了,连忙跑到一棵大树背后躲起来。

兔妈妈走到家门口,推了推门,门关得紧紧的,就一边敲门,一边唱歌:

"小兔子乖乖,

把门儿开开!

快点儿开开,

妈妈要进来。"

小兔子一听是妈妈的声音,一齐叫起来:"妈妈回来啰,妈妈回来啰!"他们抢着给妈妈开门,抢着帮妈妈拎篮子,哟,妈妈拔了这么多红萝卜回来了。

兔妈妈亲亲红眼睛,亲亲长耳朵,又亲亲短尾巴,夸他们是好孩子。

那只大灰狼呢?他躲在大树背后,偷偷地把兔妈妈唱的歌学会了。他说:"哼,我有办法了,我有办法了。明天我再来。"他就回老窝去了。

第二天,兔妈妈到树林里去采蘑菇,小兔子把门关得紧紧的。过了一会儿,大灰狼又来了,一边敲门,一边捏着鼻子唱歌:

"小兔子乖乖,

把门儿开开!

快点儿开开,

妈妈要进来。"

红眼睛一听,以为妈妈回来了:"妈妈回来啰,妈妈回来啰!"

短尾巴一听,也以为妈妈回来了:"快给妈妈开门哟,快给妈妈开门哟!"

长耳朵一听,拉住红眼睛和短尾巴:"不对,不对!这不是妈妈的声音。"

红眼睛和短尾巴往门缝里一看:"不对,不对!不是妈妈,是大灰狼。"小兔子一齐唱:

"不开,不开,我不开!

妈妈不回来,

门儿不能开。"

大灰狼着急了:"我是你们的妈妈,我是你们的妈妈!"

"我们不信,我们不信!要不,你把尾巴伸进来让我们瞧一瞧。"

"好嘞,我就把尾巴伸进来,让你们瞧一瞧。"

小兔子把门打开一点儿,大灰狼就把自己的尾巴伸了进去,嘿,一条毛茸茸的大尾巴。一,二,三,嘭——小兔子一使劲,把门关得紧紧的,大灰狼的尾巴给夹住了。

大灰狼痛得哇哇叫:"哎哟,哎哟,痛死我了……放了我,放了我!"

这时候,兔妈妈回来了,她放下篮子,捡起一根木棍,朝着大灰狼的脑袋狠狠地打。大灰狼受不了啦,使劲一拉,把尾巴拉断了。他扔下一大段尾巴,逃到山里去了。

兔妈妈这才松了一口气,扔了木棍,捡起篮子,一边敲门,一边唱歌:

"小兔子乖乖,

把门儿开开!

快点儿开开,

妈妈要进来。"

小兔子听见妈妈的声音,抢着给妈妈开门,抢着帮妈妈拎篮子,哟,妈妈采了这么多蘑菇。

亲子活动建议:这是个家喻户晓的故事,里面同样也有一首民间儿歌。这个故事里有三个听妈妈话的小兔子,还有一只又狡猾又愚笨的大灰狼。大灰狼很想把小兔子当点心吃,可是小兔子很听妈妈的话,总是把门关得紧紧的。当他发现小兔子开门的秘密后,捏着鼻子学着兔妈妈唱歌,可还是被小兔子识破了。在故事跌宕起伏的情节中,在那首《小兔子乖乖》的儿歌中,家长完成了一次对孩子的安全教育。家长在给孩子们讲这个故事的时候,可以用兔妈妈的口吻和大灰狼捏着鼻子的口吻唱这首歌,即使用不同的声音进行角色区别,孩子们会非常喜欢。故事讲完,也可以全家进行亲子表演。

二、用民间儿歌(童谣)玩游戏

民间儿歌(童谣)除了蕴含丰富的儿童生活经历、劳动人民长期观察积累的自然经验等内容,还具有独特的韵律节奏和一些适合游戏表现的内涵,家长在家里可以跟孩子一边唱(念)一边玩。

1.《拉大锯》

拉大锯,扯大锯,

姥姥家,唱大戏。

接闺女,接女婿,

小外孙子也要去。

亲子活动建议:这是一首民间童谣,童谣中有2/4拍的歌曲风格,家长可以跟孩子按照童谣内容坐在地上,脚掌对脚掌,手拉手,和着童谣的拍点一边念一边前后"拉锯"。也可以让孩子来想"拉锯"的动作,然后一起玩。

2.《板凳歪歪》

板凳板凳歪歪,

里面坐个乖乖;

乖乖出来买菜,

里面坐个奶奶;

奶奶出来烧汤,

里面坐个姑娘；

姑娘出来梳头，

里面坐个小猴；

小猴出来作揖，

里面坐个公鸡；

公鸡出来打鸣，

里面坐个豆虫；

豆虫出来爬爬，

里面坐个蛤蟆；

蛤蟆一瞪眼，

七个碟子八个碗。

亲子活动建议：这是一首用"鱼咬尾"手法创作的童谣，这种方式孩子很喜欢，像接龙似的。家长可以先给孩子念，念完了聊一聊：童谣里有几个角色？为什么蛤蟆一瞪眼看到七个碟子八个碗？因为像接龙，所以玩这首童谣的时候家长和孩子的手可以交错地捏着手背串在一起，然后当第一个角色（家长）念完，最上面的手放开，接到最下面。第二个角色（孩子）接着念，念完把手放开，接到最下面。就这样依次念到最后，念完"蛤蟆一瞪眼"，家长伸出七个手指头，孩子伸出八个手指头。这个游戏也可以几个人一起玩，里面不仅有节奏"| xx xx × ×|"，而且有合作、等待、轮流等形式，可以让孩子学会遵守游戏规则，提升与人合作的能力，同时还能感受到合作游戏的快乐。

喜欢动手的家长还可以跟孩子一起制作桌面小玩偶或者指偶来玩，也会非常有趣。

3.《谁的耳朵》

谁的耳朵长？

谁的耳朵短？

谁的耳朵遮住脸？

驴耳朵长，

马耳朵短，

象的耳朵遮住脸。

谁的耳朵尖？

谁的耳朵圆？

谁的耳朵听得远？

猫耳朵尖，

熊耳朵圆，

狗的耳朵听得远。

亲子活动建议：这类问答式的童谣十分常见。在跟孩子玩这首问答童谣之前最好先让其积累关于动物的一些知识，可以带孩子去动物园，也跟孩子一起读动物百科等，然后再进行问答游戏。在问答游戏中还可以把不同的节奏带入，比如"| xx xx x-| xx xx x-|

×·×× | ××× - |"是问的节奏，"| × ×× ×- | × ×× ×- | ×·×× | ××× - |"是答的节奏，等熟悉了可以加快速度。再往后可以加上拍身体、拍桌子等较为复杂的动作，一边念一边玩。

上海南汇《倒接口》同样是问答式的儿歌亲子游戏，父母可以和孩子进行一问一答的歌唱活动。这样既培育了亲子关系，又让孩子获得了语言、思维等方面的发展。

谱例4-1：

倒 接 口

（对山歌）

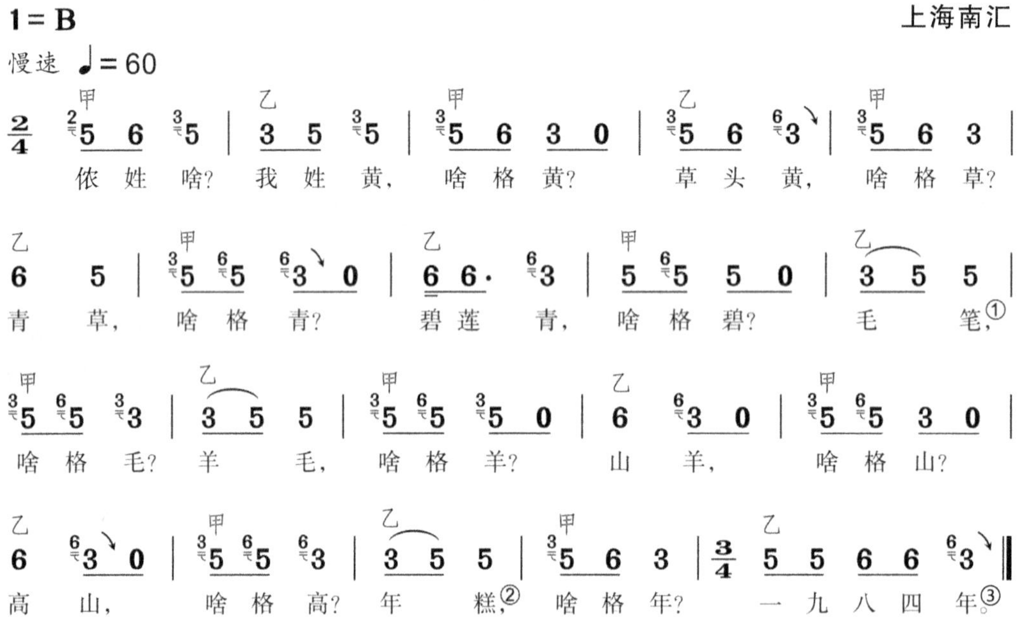

上海南汇

1=B
慢速 ♩=60

（乐谱）

① 笔：是碧的谐音字。
② 糕：是高的谐音字。
③ 一九八四年：可根据年份的不同改词。

（康凯唱　谈敬德记）

亲子活动建议：这首儿歌原来是两个儿童间的一问一答式的对唱，家长可以根据自己的姓氏和孩子进行一问一答的歌唱游戏活动。歌词可以根据家庭人员的实际姓氏改，也可以进行歌词创编，比如"啥个青，乌青；啥个乌，天乌乌；啥个天，晴天……"最后歌词唱到什么年，就改成现在所在的年份。家长和孩子可以互换着角色进行问答。

综上一些案例，跟孩子一起用民间儿歌（童谣）玩游戏，可以用唱、念结合动作、表演、节奏等多种方式，跟孩子在家里玩，在玩中不仅可以让孩子感受到民间儿歌（童谣）的丰富多彩、趣味、诙谐，而且还能发展孩子各项能力，在家庭中建立良好的亲子关系，真可谓是一举多得。

第二节 民间儿歌在幼儿园教育活动中的实践

民间儿歌在节奏、旋律、调式、调性等方面呈现出独特的地域风格,虽然有部分歌词内容因为反映的是当时的社会生活,与当下儿童的生活经验脱节,但仍然能够营造出富有童趣的氛围,活泼、戏谑、动人,体现出教育价值。

目前幼儿园音乐教育活动中使用的民间儿歌寥寥无几,就算把佚名的儿童歌曲都列为民间儿歌,其数量也是屈指可数,大多用的是现代作曲家创作的儿童歌曲以及外国儿童歌曲。有研究者调查了幼儿园和小学(在浙江省的东、西、南、北部分别有代表性地选择单位进行调查),只有13.3%的单位进行过民间儿歌的教学,且没有连续性。显然,在中华民族伟大复兴背景下,民间儿歌的缺位是不利于树立文化自信、传承与发展中华优秀传统文化的。

幼儿园作为民间儿歌传承的重要平台,要如何开展教育实践活动呢?一方面,要根据民间儿歌的特点,从其表现手法、表达内容中挖掘传承价值。另一方面,要结合《3—6岁儿童学习与发展指南》科学地认知传承对象。儿童的发展是一个整体,要促进幼儿身心全面协调发展,同时要充分理解和尊重幼儿发展进程中的个别差异,支持和引导他们从原有水平向更高水平发展。民间儿歌属于民间音乐文化的一部分,在《3—6岁儿童学习与发展指南》划分的五大领域中归属艺术领域。我们要依据艺术领域中艺术对幼儿发展的价值、艺术领域的内容结构以及幼儿艺术领域学习与发展的特点和教育要点,融入民间儿歌的特点,开展民间儿歌在幼儿园教育活动中的实践。

基于幼儿在园的一日活动,民间儿歌(也有许多是没谱、仅有节奏的儿歌)在幼儿园的教育实践活动可以采用以下方式开展。

一、游戏

《幼儿园教育指导纲要(试行)》指出,要以游戏为基本活动。这不仅符合孩子爱玩的天性,也符合孩子学习的特点——玩中学。在民间儿歌中就不乏这样既能一边唱念,又能一边游戏的内容。

1.你跑我追(适合中班、大班)

《铁铁班班》(浙江绍兴)

铁铁班班,班过南山,

南山里曲,里曲弯弯,

新官上任,旧官请出。

这是一首流行于浙江绍兴的民间儿歌,节奏平稳,朗朗上口,虽然带着些政治气息,但内容跟孩子们做追逐游戏时选出一个追逐的人很吻合。

活动目标:

(1)跟着节奏协调地点数同伴,感受节奏。

(2)体验追逐的快乐,提升身体奔跑、躲避时的协调性和灵活性,掌握活动的张与弛。

活动过程：

(1)全班小朋友(或自由组合)围成一个圈,选一位小朋友(新官)出来,他一边念唱儿歌,一边跟随儿歌的节奏点数圈上的同伴。

(2)当点到最后一句"旧官请出"的"出"时,全班小朋友四散跑,被点中的小朋友去追。

(3)追到了一位,游戏重新开始。

活动建议：

虽然这首民间儿歌初念给人以节奏平稳之感,但随着对游戏的熟悉,老师可以让小朋友变换节奏来玩,体验不同的节奏,增强节奏感。

2.猜猜骑马过去的人是谁(适合中班、大班)

《点点得得》(浙江兰溪)

点点得得,

桃花树角,

金子阿门,

娘娘庆祝,

碰着拉嘎小乌龟呢零一步抽一脚。

这是一首流传于浙江兰溪的民间儿歌,当地许多人都记得这是儿时的歌谣,虽不知其意,却不妨碍它成为那时孩子们乐此不疲的游戏歌谣。音乐是听觉艺术,只要有节奏、有韵律,就能带给人愉悦之感,这首有着美好音韵的游戏歌谣带着方言入声的韵脚流传至今就是证明。

活动目标：

(1)在念唱歌谣中感受音、韵,体会与伙伴一起游戏的快乐。

(2)观察动作,用语言描述,提升语言表达能力。

(3)初步感受被说中"猜"与没被说中"猜"的心理差异。

活动过程：

(1)老师先念歌谣,引发小朋友对音的好奇与兴趣。

(2)请5~6个小朋友上来坐成一排,伸出自己的脚。

(3)先由老师一边念一边点小朋友的脚,念到最后一个"脚"字,被点到的脚就要收进去,直至最后一只脚。最后一个被点到的小朋友就成为"猜"的小朋友,其他小朋友起身站到一排椅子的右边。

(4)"猜"的小朋友闭上眼睛,这时其他小朋友一个个有序地边做动作边从"猜"的小朋友面前走过,老师则在一边用语言描述走过去的小朋友在做什么,如"一位扫地的人走过去了""一位蹦蹦跳跳的人走过去了""一位骑马的人过去了"……直到所有的人都走过去了,然后围站在这位"猜"的小朋友面前。

(5)教师说,请猜出刚才骑马过去的小朋友,"猜"的小朋友睁开眼,观察每一个小朋友的神情,猜出骑马过去的人。如猜出了游戏重新开始,如三次未猜出,罚其为大家表演一个节目。

活动建议：

(1)游戏开始时可以先由老师主持,熟练了之后可以由能力较强的小朋友主持。

(2)游戏初期"猜"的时候,围站着的小朋友可以一边拍手一边跳,因为做动作更容易暴露不安的心,等游戏熟练了可以安静地围站着,增加难度。

3.你问我答(适合中班、大班)

谱例4-2：

对 花

浙江安吉

1=D

中速

$\frac{4}{4}$ 1 1 2 3 2 1 | 3 2 3 2 1 1 0 | $\frac{3}{4}$ 3 3 2 1 3 2 |
1.什么 开花（哎嗨）满天（哎嗨）星（哎）？ 什么（的）开花（哎）
2.草籽 开花（哎嗨）满天（哎嗨）星（哎）， 萝卜 开花（哎）

$\frac{4}{4}$ 1 1 2 1 5 6 6 0 | $\frac{3}{4}$ 1 1 6 1 2 1 | $\frac{4}{4}$ 6 5 6 1 1 0 |
白如 银（哎）？ 什么（的）花 开 黄如 金（啊）？
白如 银（哎）， 油菜（的）花 开 黄如 金（啊），

$\frac{2}{4}$ 2 2 1 6 2 | $\frac{4}{4}$ 1 2 1 6 5 5 0 | $\frac{2}{4}$ 6 1 6 6 1 6 |
什么（的）花（开） 黑良（哎嗨）心（哎）？ 金对子， 银对子，
蚕豆（的）花（开） 黑良（哎嗨）心（哎）。

$\frac{3}{4}$ 3 3 2 3 2 3 | 1 1 2 1 | $\frac{4}{4}$ 6 5 6 1 - - ‖
对 不 过 来 是 我 的 小（哎）儿子，（哇 哎）！

(佚名唱 詹轲媛记)

问答歌全国各地都有,比如上海《倒接口》、江苏阜宁《对花调》、云南《猜调》、河北《对花》、北京《对鲜花》、浙江安吉《对花》等。歌曲中开展问答的内容,有的是关于植物的,有的是关于动物的,跟当地的生活环境紧密结合。

江南民间儿歌经常采用混拍形式,这首浙江安吉的《对花》即是。歌曲由四个乐句加一个尾句构成,第一乐句用的是4/4拍,第二、第三乐句用的是3/4拍、4/4拍,第四乐句用的是2/4拍、4/4拍,最后尾句用的是2/4拍、3/4拍、4/4拍。这样可以让儿童感受民间儿歌的自由、随性,当然在歌唱过程中也会造成一定的难度,因此适合在较大的年龄阶段开展活动。

活动目标：

(1)了解民间儿歌中有一种一问一答(对歌)形式的歌,理解儿歌内容。

(2)感受这首儿歌旋律、节奏的自由、随性。

(3)重点学习切分和十六分节奏。

活动准备：

(1)老师事先唱熟本首儿歌。

(2)准备草籽花、萝卜花、油菜花和蚕豆花的图片各一张。

(3)准备本首儿歌每一小节的节奏卡。

活动过程：

(1)猜猜"什么船儿"。

——跟小朋友聊聊知道的船。

——请小朋友猜猜"什么船儿"。

——老师问："什么船儿上月球？什么船儿海底游？什么船儿水面飞？什么船儿冰上走？"

——小朋友答："宇宙飞船上月球,潜水艇儿海底游,气垫船儿水面飞,破冰船儿冰上走。"

(2)猜猜"什么花儿"。

——老师说："刚刚老师是念的,这会儿要唱了,请仔细听,听到了什么。"

——老师范唱,小朋友理解歌曲内容。老师出示图片帮助小朋友理解。

——老师问："你觉得这首歌听起来跟平时我们在唱的有什么不一样吗？"

(3)玩节奏。

——老师说："看来这首歌有点难,没关系,我们先来分析这首儿歌的节奏。"

——老师出示节奏卡,请小朋友来挑选自己会的。

——老师说："有困难的大家一起讨论怎么打。"

——尝试听着老师的范唱把节奏谱有序地排出来。

活动建议：

(1)活动前老师要反复练习这首很特别的民间儿歌,根据自己班孩子的能力水平发现这首儿歌的重难点。

(2)这首儿歌的活动可通过几个课时来完成,笔者是设计先玩节奏,老师也可以根据自己班孩子的能力水平设计不一样的重难点。

4.你我一起打大麦(适合中班)

民间儿歌中也有两个儿童一起歌唱游戏的内容,在这过程中,合作、交流就自然产生了。这类儿歌游戏对儿童社会性品质的培育有很大的作用。如上海南汇《打大麦》。

谱例4-3：

打大麦

上海南汇

1=B 2/4
慢速 ♩=60

| 6 6 6̌ 5 | 3 5 ⁵3̌ | 6 5 6 5 | 5 3̌5 ⁵3̌ | 5 6 5̌ | 5 6 5 0 ‖

一撸抹，　两撸抹，三撸开始　打大　麦，劈劈啪，劈劈啦。

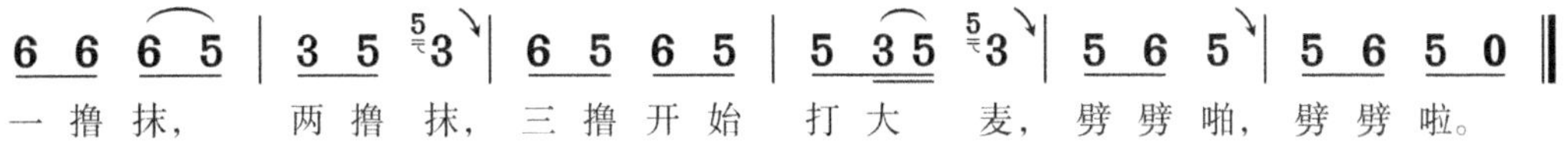

（康凯唱　谈敬德记）

这是一首由三音列组成的徵调式歌曲，2/4拍，表现两个儿童边唱边拍手游戏的活动情景。

活动目标：

(1)理解这首儿歌的歌词意思。

(2)感受这首儿歌旋律、节奏的自由、随性及滑音的歌唱。

(3)感受、体验边唱歌边游戏的快乐情趣，运用肢体动作合乐。

活动准备：

老师事先准备实物麦穗一束。

活动过程：

(1)认识麦穗，学着用适当的动作、力度把麦粒从麦穗上打落下来。

——和小朋友一起认识麦穗。

——跟小朋友聊聊麦穗的生长过程以及麦子的作用。

(2)唱儿歌并进行打大麦的实际活动。

——老师一边唱《打大麦》一边用手拍打麦穗，自然带动小朋友一起唱和打。

(3)老师和儿童一起唱儿歌，两两做一撸抹、二撸抹……的拍手游戏。

活动建议：

(1)活动前老师要能熟练歌唱这首儿歌，并能玩拍手游戏。

(2)老师唱这首儿歌时，注意滑音要唱到位，使得民间儿歌的趣味性、音高的灵活性得到很好体现。

(3)老师注意活动过程中儿童相互合作与交流的状态。

二、律动

这里的律动只指音乐律动，即在音乐背景下适宜的身体动作表达，动作围绕音乐进行，重点是对音乐的理解进而呈现适配的动作表现。

民间儿歌中虽然有些歌曲所表达的内容离现代儿童的生活较远，甚至有些脱节，但也不乏当今儿童可以理解的、贴近当今儿童生活的,且曲调优美、有浓郁地方特色的部分。教师可以加以选择,根据民间儿歌的音乐性编成律动,在幼儿园一日生活的过渡环节、集体教学活动前的组织环节中使用。

1.《顺采茶》(适合中班)

谱例4-5:

顺 采 茶
(茶灯调)

1=G 3/4　　　　　　　　　　　　　　　浙江建德

中速

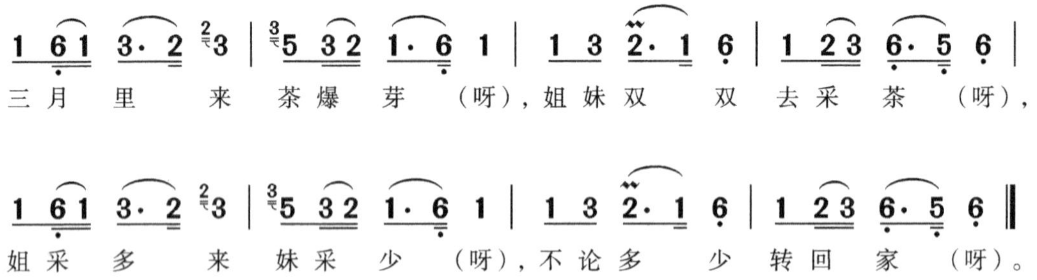

| 1 6̣ 1 3·2 ³⸗3 | ³⸗5 3 2 1·6̣ 1 | 1 3 2̃·1 6̣ | 1 2 3 6·5̣ 6̣ |
三 月 里 来 茶 爆 芽 (呀),姐 妹 双 双 去 采 茶 (呀),

| 1 6̣ 1 3·2 ³⸗3 | ³⸗5 3 2 1·6̣ 1 | 1 3 2̃·1 6̣ | 1 2 3 6·5̣ 6̣ ‖
姐 采 多 来 妹 采 少 (呀),不 论 多 少 转 回 家 (呀)。

(马小妹唱　洛地、詹轲媛、陈献玉记)

这是一首浙江建德的民间儿歌,歌曲中描绘了一幅春天茶山上、茶园里的生活画卷,这对生活在江南的孩子来说一点不陌生,极具江南特色。春天到,茶山上、茶园里茶叶爆新芽,到处都是嫩绿点点,姐姐、妹妹背着茶篓双双去采茶,姐姐采得多,妹妹采得少,可是不论多少,她们都努力采了,都是爸爸、妈妈的好帮手,最后天黑回到家。乐曲为三拍子,虽然有四个乐句,但第三、第四乐句是第一、第二乐句的重复,非常工整,且整首乐曲的音域在一个八度,适合孩子们演唱和律动。

活动目标:

(1)熟悉歌曲旋律,理解歌曲所表达的内容。

(2)根据歌曲内容和旋律特点用自己的肢体动作配合着歌曲进行表达。

活动准备:

(1)建议家长利用双休日带孩子们去茶山上、茶园里进行观察、采茶等活动,积累感性经验。

(2)准备视频或图片。

(3)准备一张打卡纸和笔。

活动过程:

(1)聊聊采茶。

——老师和孩子们一起回忆茶山上、茶园里的茶树冒新芽的场景和采茶活动的感受。

——老师说:"三月里天气渐渐暖和,大地回春,到处充满春的气息。你瞧茶山上、茶园里的茶树上冒出嫩绿的小芽,可爱极了。你们知道接下来茶山上会发生一件什么事情吗?"

(2)姐姐、妹妹采茶。

——老师范唱,请小朋友说说听到歌曲里唱什么,理解歌曲内容。(小朋友用语言回答,老师用歌曲里乐句回应,帮助孩子熟悉乐曲)

——老师说:"现在让我们跟着姐姐、妹妹一起去采茶吧。"

——每一个乐句都让小朋友根据自己的理解用肢体动作来表达,最后大家商讨,形成不同的版本。(老师将孩子的动作按四个乐句记录下图谱)

——听着音乐完整地边唱边表演。

活动建议:

(1)在创编动作的时候,可以先统一成一个版本,等这个版本熟练后再创作另一个版本。

(2)如果幼儿园主题活动正好与茶相关,也可纳入到主题活动中,进一步丰富主题活动内容。

2.《唤蚂蚁》(适合小班、中班)

谱例4-6:

唤 蚂 蚁

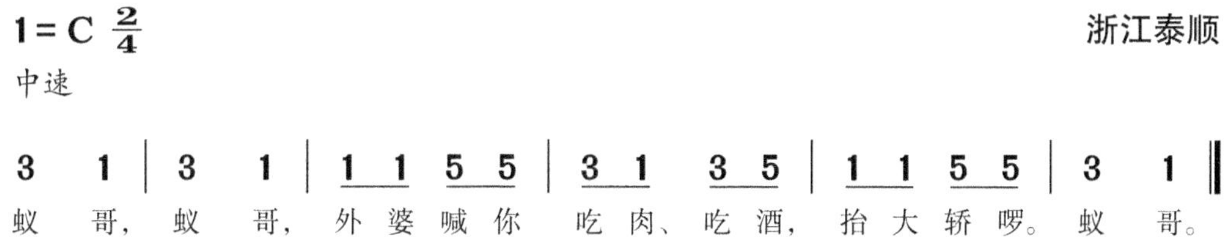

$1=C$ $\frac{2}{4}$

浙江泰顺

中速

3　1	3　1	1　1　5　5	3　1	3　5	1　1　5　5	3　1 ‖
蚁　哥,	蚁　哥,	外　婆　喊　你	吃　肉、	吃　酒,	抬　大　轿　啰。	蚁　哥。

小朋友都喜欢玩蚂蚁,看到蚂蚁就不肯走了,所以各地都有关于蚂蚁的民间儿歌。"蚂蚁子蚂蚁子哥哥,大大细细都来拖拖。"这是南昌的儿歌,描写的是孩子拍打完苍蝇把苍蝇放到蚂蚁跟前,让蚂蚁把苍蝇抬回家好好享用。这跟浙江泰顺的《唤蚂蚁》如出一辙。这首儿歌是由三个乐句组成的乐段结构,即三句体。三句体的三句大多都是反复或者是变化再现某一句发展而成的,所以听这首民间儿歌的时候有一种循环往复之感,这就是因为头尾小节用了同样的旋律、节奏。这不禁让人想起那首《蓝鸟》:"蓝鸟蓝鸟飞过窗口,蓝鸟蓝鸟飞过窗口,请把你的翅膀搭在我的肩上,蓝鸟蓝鸟飞过窗口。"一个非常有趣的邀请律动,受此启发,这首《唤蚂蚁》也可以进行"邀请"形式的律动,且很贴切蚂蚁的生活习性——呼唤,排成队。注意,歌词中的"酒"不适合小朋友,可以改成"豆"或其他适合小朋友食用的食材。

活动目标:

(1)熟悉乐曲,理解儿歌内容,并能听辨乐曲的段落进行邀请游戏。

(2)乐于参与律动游戏,体验律动游戏的快乐。

活动准备：

日常生活中带领小朋友寻找蚂蚁、给蚂蚁喂食等,积累与蚂蚁互动的感性经验。

活动过程：

(1)我们的蚂蚁伙伴。

——说说我们的蚂蚁伙伴：在哪里见过？你见到他们的时候他们在干什么？他们怎么找食物的？找到食物以后会怎么样？

——你喜欢他们吗？喜欢他们应该怎么做呢？

(2)发现食物唤蚂蚁。

——老师范唱,小朋友理解歌曲。

——为什么要"外婆喊你"？为什么叫"抬大轿"？(老师可以结合当地的风俗给小朋友建立经验上的链接)

——这首歌里有几个"蚁哥"？前面两个"蚁哥"表示什么？后面一个"蚁哥"表示什么？(小朋友可以按自己理解回答,老师只是为了邀请舞的故事需要引起小朋友的注意)

(3)一起抬食物(邀请舞)。

——请一位小朋友当"头蚁",听老师弹奏一遍旋律(可用高八度区分),碎步在外面寻觅食物。当音乐结束时要找到一位小朋友,站在他面前。

——第二遍站在被邀请的小朋友前面,边唱边舞,邀请他一起去找食物、抬食物。

"蚁哥,蚁哥"：做招呼状。

"外婆喊你吃肉、吃豆"：做呼喊状、吃状。

"抬大轿"：做抬轿状,同时双脚一拍踩一脚。

"蚁哥"："头蚁"180°转身跳,被邀请的小朋友双手扶住"头蚁"的腰继续邀请。

——邀请舞循环5~6遍,最后老师提醒"搬回家咯!"结束。

活动建议：

(1)邀请舞的动作可以跟小朋友们商讨决定。

(2)跳邀请舞的时候人数多寡视当时的情景而定。

(3)如果在幼儿园日常生活中有关于"蚂蚁"的主题活动,可以纳入到主题活动中。

三、歌表演

如果把佚名词曲的儿歌都纳入民间儿歌范畴,那可在幼儿园里进行歌表演活动的民间儿歌就更多了。这些儿歌经历了历史长河的筛选沉积下来,不仅短小精悍、旋律动听,且表达的动物形象也都是小朋友喜闻乐见的,是一笔非常珍贵的财富。下面我们也以几首儿歌为例加以说明。

1.《小猫》(适合小班)

谱例 4-7：

小 猫

1=D 2/4

佚名 词曲

安详地

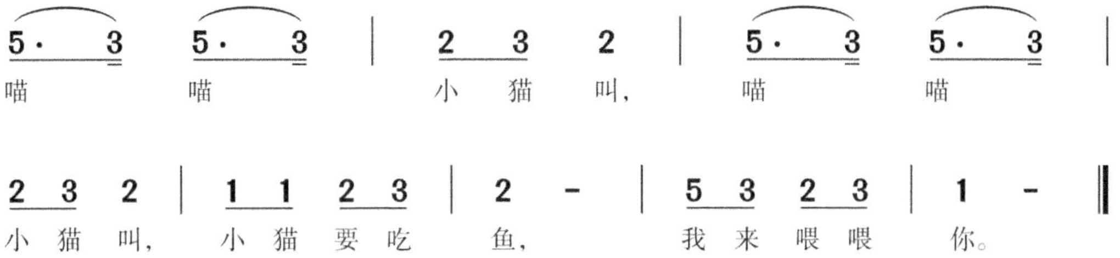

5· 3	5· 3	2 3 2	5· 3	5· 3
喵	喵	小猫 叫，	喵	喵

2 3 2	1 1 2 3	2 -	5 3 2 3	1 - ‖
小猫 叫，	小猫 要吃 鱼，	我 来	喂 喂	你。

  宝宝哭了要喝奶，小猫叫了要吃鱼，这无论是真实场景还是角色游戏，对于小朋友来说都再自然不过了。小朋友和小动物之间有着天然的情感连接，这首歌曲犹如小朋友内心的独白，又似自言自语。歌曲从头到尾只用了四个高低不同的音，宫调式，音域在纯五度之内。第一乐句和第二乐句小猫的叫声配以小三度音程由高到低，附点节奏由长到短，表达得非常形象自然。第三乐句和第四乐句相对应，节奏完全相同。歌词简洁、富有童趣，表达了小朋友对小猫的关爱之情。

活动目标：
(1)感受跟小猫互动的快乐，相互理解带来沟通的满足。
(2)激发内心真诚对待小动物的情感。
(3)从小关爱小动物，尊重小生命。

活动准备：
(1)一只真实的小猫，一碟小鱼。
(2)小猫头饰，纸盘，卡纸做的小鱼。

活动过程：
(1)我们的小客人。
——老师展示一只可爱的小猫，跟小朋友们一起聊聊小猫。
——当小猫发出叫声的时候，老师范唱第一、第二乐句。
——小猫为什么要叫呢？
——老师顺势范唱第三、第四乐句，并请2~3位小朋友上来喂小猫。
(2)我来演小猫。
——老师让小猫在一旁休息，请小朋友来演小猫。
——先在位置上一起想动作。
——请一位小朋友戴上小猫头饰扮演小猫，另一位小朋友喂"小猫"，完整地表演一遍，其他小朋友坐在位子上伴唱。

——请几位小朋友扮演小猫,请相同数量的小朋友喂"小猫",完整地表演。

——请一半小朋友扮演小猫,另外一半小朋友喂"小猫"。在第一、第二乐句时"小猫"可用自己的姿态表达,第三、第四乐句时喂"小猫"的小朋友各自去找一只"小猫"喂。第二遍教师高八度纯旋律,小朋友听着音乐自由舞蹈,最后一起回座。

活动建议:

(1)视小朋友的表演兴趣,如有兴趣,在最后大家都出场的时候可以多演几遍,可以交换角色。扮演小猫鼓励千姿百态,仿佛在舞台上的感觉,感受自由表达的那种沉浸感。

(2)美工区可投放制作小鱼的材料,为表演提供道具。

2.《白胖鸭》(适合小班)

谱例4-8:

白 胖 鸭

1＝D 2/4

佚名　词曲

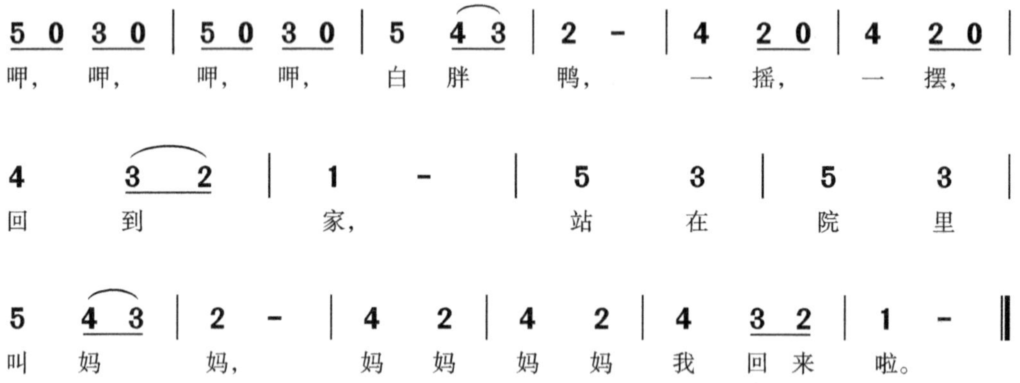

呷,呷,呷,呷,白胖鸭,一摇,一摆,

回到家,站在院里

叫妈妈,妈妈妈妈我回来啦。

许多民间儿歌会把生活中的礼仪潜移默化地融入其中,这首《白胖鸭》就是通过描述白胖鸭回家的情景,教育孩子要养成回到家和爸爸、妈妈打招呼的礼节。歌曲中"5、3"和"4、2"三度音程反复出现,刻画了白胖鸭一摇一摆的可爱形象。第一、第二乐句用休止符表现嘎嘎的叫声和一摇一摆走回家的情形,第三、第四乐句重复前面的乐句,亲切地喊妈妈,告诉妈妈自己回来了。这流畅的旋律,不仅表现出回家的开心,而且还展现出一只懂礼貌的白胖鸭。

活动目标:

(1)感受歌曲所表现的白胖鸭的可爱形象和欢快情绪。

(2)理解休止符在歌曲中是表现白胖鸭的叫声和一摇一摆的样子。

(3)知道回到家要跟大人打招呼。

活动准备:

结对班里哥哥、姐姐的白胖鸭表演,白胖鸭的头饰。

活动过程：

(1)观看哥哥、姐姐的表演。

——你们看哥哥、姐姐表演的是什么小动物？

——他们是怎么叫的？怎么走路的？

——你们喜欢这些白胖鸭吗？为什么？

(2)学学白胖鸭。

——这些白胖鸭是懂礼貌的白胖鸭，我们跟着他们一起出去玩玩吧！

——老师弹纯旋律，小朋友们跟着哥哥、姐姐，和着音乐学着白胖鸭嘎嘎叫和进行一摇一摆的律动。

——老师提示："天黑了！"

——所有的"白胖鸭"一边表演一边走回家。

——请搭班老师扮演鸭妈妈，所有的小朋友再表演一遍。

活动建议：

(1)小朋友表演的时候如果觉得有困难，可以让几个能力较强的小朋友先示范。

(2)表演过程中老师要观察小朋友在哪些地方有困难，可以针对小朋友的困难进行调整。

(3)表演时关注小朋友对休止符的掌握。

(4)小朋友会表演之后还可以到其他班去表演。

3.《小鸭，小鸡》（适合小班）

谱例4-9：

小鸭，小鸡

1=D 4/4　　　　　　　　　　　　　　　　　　佚名　词曲

活泼地

| 1 2 3　3 — | 2 3 5　5 — | 1 2 3 0　3 0　3 0 |
| 小　鸭，小　鸡，　　碰 在　一　起，　　小鸭 嘎　　嘎　　嘎，|

| 2 3 5 0　5 0　5 0 | 3 3 3 0　5 5 5 0 | 1 2 3　3 — | 2 3 5　1 — ‖
| 小鸡 叽　　叽　　叽，　嘎嘎嘎，　叽叽叽，　好 像　说　话，　又 像 游　戏。|

歌曲中的小鸭、小鸡是孩子们非常喜欢的小动物，唱着这首儿歌，仿佛就像两个好朋友走在一起，你一句我一句地对话着，又亲切，又可爱。歌曲第一小节和第二小节用模进的手法，表现故事开始小鸭、小鸡走出家门，给人以拉开序幕往前的推进之感。紧接着对话中用休止符表现人物形象，短促的叫声非常贴切，且你一句我一句，非常逗趣，表现出歌曲活泼的基调。因为大家对这首歌非常熟悉，所以整个活动设计在此略去。

活动建议：

(1)在全体小朋友都熟悉的基础上可以分角色进行表演,其中有等待、有配合,可让小朋友在听辨的过程中学习自我控制。

(2)以上为小鸭、小鸡的表演,可创编一组小动物的表演,用《小动物与大灰狼》来串联,会非常有趣。

(3)可以开展一个小动物主题活动。

四、欣赏

每个幼儿心里都有一颗美的种子。《3—6岁儿童学习与发展指南》在艺术领域的目标中明确指出,要让幼儿喜欢欣赏多种多样的艺术形式和作品,建议经常让幼儿接触适宜的、各种形式的音乐作品,丰富幼儿对音乐的感受和体验。在当今时代,让孩子接触、欣赏传统民间音乐文化,是对传统音乐文化辨析的过程,也是让孩子获得并丰富艺术经验的过程,更是培养孩子民族文化认同感的重要举措。而民间儿歌作为民间音乐文化史上的一颗明珠,理应让孩子有所了解。

(一)不同年代的生活

1.《月光光》《小白菜》(适合大班)

谱例4-10:

月 光 光

$1=A$ $\frac{2}{4}$　　　　　　　　　　　　　　　　　　　　浙江温州

中速稍慢

(月光光,光亮亮,勿卖囝儿到南洋。娘(啊)娘,南洋隔江又隔水,看不着爹爹(哟)看不着娘。)

谱例4-11:

小 白 菜

$1={}^{\flat}A$　　　　　　　　　　　　　　　　　　　　　　河北

(小白菜呀,地里黄呀,三两岁呀,)

《月光光》（浙江温州）和《小白菜》（河北）这两首儿歌展现了同样的苦难境遇，都是描绘旧时代孩子苦不堪言的生活状况，通过歌曲让孩子们感受那时小朋友的悲惨命运，同时对比现在的生活，他们会倍感幸福。

《月光光》讲述的是家里穷困，父母养不起孩子，无奈之举把孩子卖到南洋（江苏以南的沿海），卖到那么远的地方孩子就看不到爸爸、妈妈了，那份酸楚涌上心头。而《小白菜》则讲述了一个失去母亲的小女孩的悲惨生活。《小白菜》是以清末四大奇案之杨乃武案中的女主角"小白菜"的遭遇为背景，使用了带有叙事性质的歌词，描述了一个失去妈妈的女孩受继母虐待，过着苦不堪言的生活，表达对妈妈的不尽思念。儿歌截取了短短的一段，凄凄动人，把失去妈妈的女孩比作地里缺少照料的枯黄小白菜，让艺术形象跃然眼前，具有深刻的艺术感染力。

这两首歌曲的主人公，一个被卖到南洋，见不到爹娘；另一个两三岁失去了妈妈，受继母虐待。孩子没有了父母的关爱，就没有了家庭的温暖，这一点相信孩子们在想爸爸、妈妈的时候会感同身受。

活动目标：
(1)在聆听歌曲的过程中，理解歌曲所表达的内容，体会自己当下的幸福生活。
(2)感受歌曲中舒缓下行的旋律表现出的悲伤、凄楚之情。

活动准备：
(1)老师就两首歌曲的背景进行知识储备。
(2)老师能有感情地演唱（如不能，事先找好适合孩子的音频资料）。

活动过程：
(1)我们的生活。
——老师和小朋友们聊聊现在人们的生活。
——你们知道自己爷爷奶奶或者太爷爷太奶奶小时候的生活吗？
(2)《月光光》。
——老师范唱或播放《月光光》。
——你听到了什么？
——她愿不愿意？为什么？
——不愿意也没办法，为什么？
——你听着心里有怎样的感受？
——听到什么地方的时候会有这样的感受？为什么？
(3)《小白菜》。
——刚刚我们听到的是一个要被卖到南洋的小女孩，现在再来听听这个小女孩，看她的生活又是怎么样的。

——老师范唱或播放《小白菜》。

——有什么地方没听懂吗?

——老师念完整的《小白菜》,以帮助小朋友们了解小白菜的故事。

——小白菜呀,地里黄呀/三两岁呀,没了娘呀/跟着爹爹,还好过呀/只怕爹爹,娶后娘呀/娶了后娘,三年半呀/生个弟弟,比我强呀/弟弟吃面,我喝汤呀/端起碗来,泪汪汪呀/亲娘想我,谁知道呀/我想亲娘,在梦中呀/桃花开呀,杏花落呀/想起亲娘,一阵风呀/亲娘呀亲娘/亲娘呀亲娘。

——这首《小白菜》里的小女孩生活是怎么样的呢?

——你从哪里听出来的?为什么?

——这两首歌里的小女孩都跟我们差不多大,她们的生活跟我们一样吗?

——我们的生活怎么样?

(4)一起唱《如果感到幸福你就拍拍手》。

活动建议:

(1)用两首同类不同地域的民间儿歌让小朋友们感受那个时代孩子的生活,感受不同的曲风可以同样表达凄惨的生活和悲伤的情感。

(2)要让小朋友们在同情中感受当下幸福的生活,懂得感恩,懂得珍惜。

2.放牛歌(适合大班)

还有一些以前的日常生活是可以让孩子们通过儿歌来了解的。中国是个农耕国家,儿歌少不了跟农耕有关的内容,这一点从各地都有的放牛歌中就能看出。老师可以选取自己熟悉的当地相关民间儿歌来给孩子欣赏。欣赏的过程可参见上边的案例。

(二)摇篮曲

母亲在哄宝宝入睡时,总会哼哼摇篮曲,给宝宝营造安宁的气氛,让宝宝在安静、安全、温暖的环境中安然入睡。江南文化风格细腻、温柔,江南人也显得柔和,母亲的那份似水柔情在哄宝宝入睡的过程中体现得淋漓尽致。江南民间儿歌中的摇篮曲各地都有,我们可以在幼儿园的音乐活动中很好地加以利用。

《摇儿歌》(适合中班)

谱例4-12:

摇 儿 歌

浙江鄞州

$1=A \quad \frac{2}{4}$

慢速

| 6 1· | 2 1 6· | 1 6 5 | 6 5 6 | ⁶5 — | 1 1· |
| 搂 搂 | (来 呀), | 搂 搂 | (啊 来), | | 囡 囡 |

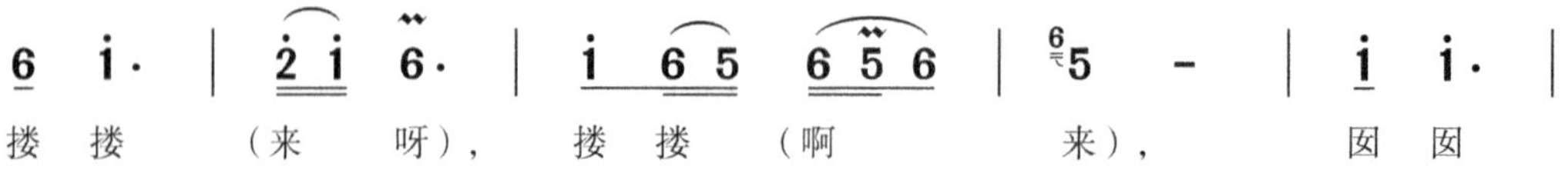

```
2̂ 1̂ 6·  | 1̂ 6 6̂5̂6̂ | ⁵3̲ - | 3 5· | 6̂5̂ 6· | 1̂ 2̂1̂ 6̂5̂6̂ |
自  要    困 熟（啊    来）。    搂 搂   （来 呀），搂 搂（啊

⁶5̲ -  |  1̂ 1̂·  | 6̂5̂6̂ 6· | 1̂ 6 6̂5̂6̂ | ⁵3̲ - ‖
来），    囡 囡    自 要    困 熟（啊    来）。
```

（杨佳玲唱 卢竹音、赵万福记）

这是一首非常富有地域特色的摇篮曲，当你哼唱的时候仿佛看见一位妈妈搂着自己的小宝宝一边哼唱一边拍着，小宝宝在妈妈的哼唱和温暖怀抱中眼睛一睁一闭，慢慢地、慢慢地进入了甜甜的梦乡。

这首摇篮曲是由四个乐句组成的角调式儿歌，以四小节为一个乐句，结构相对规整，且具有重复性。第一乐句与第二乐句无论是节奏还是曲调走向，几乎完全一样，只是尾音一个是"5"，一个是"3"。第三乐句稍有变化，主要表现在曲调走向由低到高，再接着由高到低。第四乐句可以说是重复第二乐句，只是在前两个小节上加了一点变化。这样的曲调走向给人以缓缓的波浪之感，加之每一乐句句首的切分节奏，跟哄宝宝的拍打、摇晃非常一致，使得宝宝很快进入梦乡。更有意思的是当你唱着这首歌时，感觉可以永远循环，又感觉哪里都可以结束。或许这就是它的巧妙之处，宝宝什么时候睡着，什么时候就可以结束。

活动目标：

(1) 感受摇篮曲营造的安详、宁静的氛围。

(2) 感受乐曲的重复带来的倦意。

活动准备：

布娃娃。

活动过程：

(1) 晚安时间。

——跟小朋友们聊聊晚安时间：每天晚上上床睡觉你会做什么？爸爸、妈妈会跟你做什么？

——你喜欢这个时间吗？为什么？

(2) 摇篮曲。

——有个宝宝也特别喜欢这个时间，因为这个时间妈妈都会给他唱首歌，一听到这首歌他很快就进入梦乡。你们想听吗？

——你听着是什么感觉？

——现在请你闭上眼睛，感觉自己在哪一句的时候快睡着了。

(3) 我来当妈妈。

——请一个小女生当妈妈，抱着布娃娃，其他小朋友轻轻地哼唱。

——每个小女生找一位小男生,两人坐在一起,小男生当宝宝把头趴在小女生的腿上,听"妈妈"哼唱摇篮曲。

活动建议:

(1)老师可再选一些类型不同的摇篮曲让小朋友们欣赏,增加其对摇篮曲的感受。

(2)在午睡时可播放欣赏过的摇篮曲,营造温馨、安详、宁静的午睡氛围。

(3)小朋友喜欢的曲子也可推介给家长们,在晚上睡觉的时候播放。

(三)现代作曲家根据童谣创编的歌曲

有许多优秀的作曲家会为民间童谣或者找不到谱的民间儿歌(仅留存了童谣)创作谱曲,让其重新焕发生命力,得以传承和发扬。还有一些歌曲融入戏曲风格,比如《说唱脸谱》(京歌),就把中华传统文化中的脸谱和京剧相结合,非常受孩子们喜欢。这些创举都是让民间儿歌传承和发展的好方法、好路径。

蒲公英(适合中、大班)

谱例4-13:

蒲公英

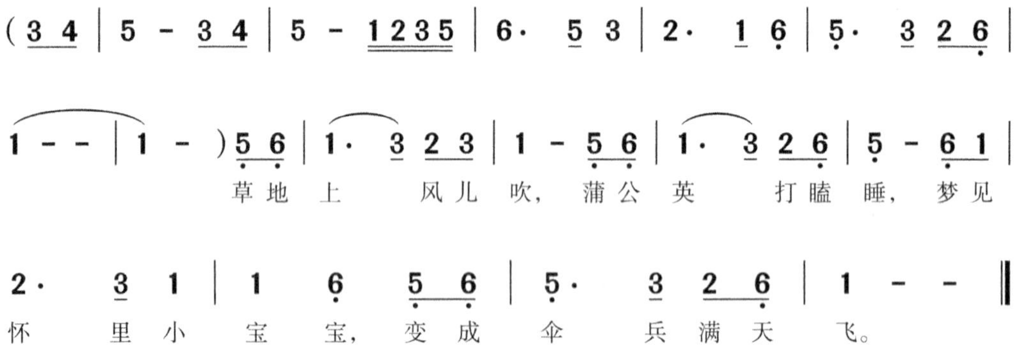

这首童谣虽不是出自江南,但可以此为鉴。这是一首三拍子的中速歌曲,四个乐句用的是同一种节奏型,波浪形的旋律走向好似风儿一阵一阵吹来,把蒲公英吹向天空、吹向远方。乐曲采用弱起的方式,舒缓流畅,描绘出一幅蒲公英满天飞的生动画面,表现了如梦幻般的场景。

活动目标:

(1)感受旋律的优美以及乐曲描绘的蒲公英满天飞的画面感。

(2)体会弱起拍歌曲的风格。

(3)乐于参与合作表演。

活动准备：

(1)活动前带领小朋友们去发现、观察蒲公英。

(2)讲讲关于蒲公英的绘本。

(3)每人一颗自制的蒲公英种子。

活动过程：

(1)聊聊蒲公英。

——前几天我们去找过蒲公英,蒲公英是怎么样的?

——风一吹,蒲公英的种子会怎么样?像什么呢?

(2)蒲公英妈妈的梦。

——你们都会做梦吧?

——蒲公英妈妈也会,你们知道蒲公英妈妈做了一个什么梦吗?让我们一起来听听。

——老师范唱一遍。蒲公英妈妈做了一个什么梦?(老师将歌曲反复唱一遍,小朋友们回答)

——蒲公英妈妈的梦美吗?你觉得哪一句美?

(3)跟着蒲公英种子飞呀飞。

——现在我们也来变成一颗蒲公英的种子,跟着飞一飞吧!

——老师一遍弹奏歌曲一遍唱,小朋友们手拿自制的蒲公英种子,每一个乐句"种子"从左边飞向右边一次,要求从重拍开始,感受弱起的感觉。

——请一个小朋友扮演蒲公英,盘腿坐在地上,请5~6个小朋友手拿蒲公英种子,轻轻放在他的头上,其他小朋友坐在位置上扮演风。老师一边弹一边和其他的小朋友一起唱,坐在位置上的小朋友随着三拍子的旋律双手舞动,当唱到"变成伞兵满天飞"的时候,手拿蒲公英种子的小朋友碎步飞起来。老师继续高八度弹奏一遍音乐,音乐结束小朋友回到自己的位子上。

——扮演游戏可进行2~3遍。

活动建议：

(1)最后一个表演环节可跟小朋友们一起讨论后进行。

(2)在美工区提供一些材料,供小朋友们制作蒲公英头饰等。

(3)此活动也可以跟春天相关主题活动结合。

将江南民间儿歌用于家庭亲子活动能够增加家长陪伴孩子的时间,有利于亲子关系的深化,用于幼儿园音乐活动乃至一日生活环节则能丰富音乐活动的素材,使孩子从小通过儿歌培育家乡情、获得对家乡可知可感的情感经验。在把江南民间儿歌开发成课程资源的过程中,老师对江南民间文化也有了新的认知,并在理念、行为上产生传承民间音乐文化的自觉。通过江南民间儿歌这个载体,可以逐渐实现家园共育的幼儿教育生态建设,让幼儿教育向更高、更深的方向漫溯。

第五章

江南民间儿歌在特殊儿童教育中的应用

第一节 特殊儿童概述

特殊儿童在《美国特殊教育百科全书》中被分为天才、智力落后、身体和感官有缺陷（视觉障碍、听觉障碍）、肢体残疾及其他健康损害、言语障碍、行为异常、学习障碍、孤独症、阿斯伯格综合征，感官统合失调等类型。1994年，联合国教科文组织在西班牙萨拉曼卡召开"世界特殊需要教育大会"，其核心思想是让所有儿童都能得到适合自己的教育，以此来促进儿童的发展并提高他们的社会适应能力。学术界普遍认为，特殊儿童分广义与狭义。广义的特殊儿童是指与普通儿童在各方面有显著差异的各类儿童，通常有残疾儿童、超常儿童、问题儿童三类。狭义的特殊儿童是指身心发展存在缺陷的儿童，主要包括视障儿童、听障儿童、智障儿童、肢残儿童等。本章主要针对狭义的特殊儿童，探索江南民间儿歌在这部分儿童的教育中的应用。

视障儿童包括低视力儿童和全盲儿童，由于视觉功能受到不同程度的损害，他们无法达到正常视力，影响其日常的学习与生活。根据《残疾人残疾分类和分级》（GB/T 26341—2010），各类残疾按残疾程度分为四级，即残疾一级、残疾二级、残疾三级和残疾四级。残疾一级为极重度，残疾二级为重度，残疾三级为中度，残疾四级为轻度。视力残疾按视力和视野状态分级，其中盲为视力残疾一级和二级，低视力为视力残疾三级和四级。视力残疾均指双眼而言，若双眼视力不同，则以视力较好的一眼为准。如仅有单眼为视力残疾，而另一眼的视力达到或优于0.3，则不属于视力残疾范畴。视野以注视点为中心，视野半径小于10°者，不论其视力如何均属于盲。具体分级见表5-1。

表 5-1 视力残疾分级

级别	视力、视野
一级	无光感≤0.02;或视野半径小于5°
二级	0.02≤0.05;或视野半径小于10°
三级	0.05≤0.1
四级	0.1≤0.3

视障儿童由于视力受限,对外界的感知主要通过触觉与听觉。他们通过听觉获得对外界的认知,以听课、听广播、听电视等方式获得知识,通过听辨声音辨别事物的空间位置与距离,熟悉周边环境,避开障碍物。他们"以手代目",学习盲文,掌握文字,通过触觉感知物体的大小、轻重、温度等特征。因此,他们的听觉与触觉灵敏,对外界的声音特别敏感。由于视觉的缺陷,视障儿童对外界事物的认知不全面,会出现以偏概全的现象,认知的深度与广度受限,形象思维贫乏,综合分析能力较差,形成概念较慢。此外,视障儿童容易自我封闭、焦虑、自卑,缺乏安全感,对老师的依赖性强,社会交往能力受限。

听障儿童由于双耳听力受损,听不清或听不到外界的声音,影响语言发展与表达能力,难以与他人进行正常的交流。根据《残疾人残疾分类和分级》(GB/T 26341—2010),听力残疾分为四级。(1)听力残疾一级:听觉系统的结构和功能极重度损伤,较好耳平均听力损失大于90 dB HL,不能依靠听觉进行言语交流,在理解、交流等活动上极重度受限,在参与社会生活方面存在极严重障碍。(2)听力残疾二级:听觉系统的结构和功能重度损伤,较好耳平均听力损失在81~90 dB HL,在理解和交流等活动上重度受限,在参与社会生活方面存在严重障碍。(3)听力残疾三级:听觉系统的结构和功能中重度损伤,较好耳平均听力损失在61~80 dB HL,在理解和交流等活动上中度受限,在参与社会生活方面存在中度障碍。(4)听力残疾四级:听觉系统的结构和功能中度损伤,较好耳平均听力损失在41~60 dB HL,在理解和交流等活动上轻度受限,在参与社会生活方面存在轻度障碍。

听障儿童由于听力受损,在学习与生活中缺乏声音与语言的刺激,因此对事物的认识具有不完整性与不准确性。他们"以目代耳",主要通过视觉感知外界,通过观察获取信息,因此模仿能力与动手能力较强,对直观形象的物体记得快。由于缺少口语训练,他们在书面语学习上存在一定困难,容易出现句子成分不全、语句颠倒等问题。听觉的缺陷造成他们过度敏感多疑、畏缩自卑的心理特点,阻碍他们主动融入社会与他人交往。

智障儿童由于大脑受到器质性损害或脑发育不完全,造成认知、心理障碍,影响正常学习与生活。根据《残疾人残疾分类和分级》(GB/T 26341—2010),智力残疾按0~6岁和7岁及以上两个年龄段发育商、智商和适应行为分级。0~6岁儿童发育商小于72的直接按发育商分级,发育商在72~75的按适应行为分级。7岁及以上按智商、适应行为分级;当两者的分值不在同一级时,按适应行为分级。WHO-DAS Ⅱ分值反映的是18岁及以上各级智力残疾的活动与参与情况。具体分级见表5-2。

表 5-2 智力残疾分级

级别	智力发育水平		社会适应能力	
	发育商（DQ） 0~6 岁	智商（IQ） 7 岁及以上	适应行为 （AB）	WHO-DAS Ⅱ 分值 18 岁及以上
一级	≤25	<20	极重度	≥116 分
二级	26~39	20~34	重度	106 分~115 分
三级	40~54	35~49	中度	96 分~105 分
四级	55~75	50~69	轻度	52 分~95 分

适应行为表现：

极重度——不能与人交流、不能自理、不能参与任何活动、身体移动能力很差；需要环境提供全面的支持，全部生活由他人照料。

重度——与人交往能力差、生活方面很难达到自理、运动能力发展较差；需要环境提供广泛的支持，大部分生活由他人照料。

重度——能以简单的方式与人交流、生活能部分自理、能做简单的家务劳动、能参与一些简单的社会活动；需要环境提供有限的支持，部分生活由他人照料。

轻度——能生活自理、能承担一般的家务劳动或工作、对周围环境有较好的辨别能力、能与人交流和交往、能比较正常地参与社会活动；需要环境提供间歇的支持，一般情况下生活不需要由他人照料。

智障儿童对外界的感知迟缓，学习困难，接受能力差，认记速度缓慢，思维长期停留在直观形象阶段，分析、综合、概括能力差；语言发展缓慢，词汇量少，对复杂、成分多的句子很难理解与掌握；情绪情感控制能力差，活在自己的世界里，无法控制自己的行为，容易受外界影响。

肢残儿童由于人体运动系统的结构、功能损伤，造成肢体残缺或四肢、躯干麻痹、畸形等，导致运动功能不同程度的丧失，影响正常的生活与学习。根据《残疾人残疾分类和分级》（GB/T 26341—2010），肢体残疾分为四级。（1）肢体残疾一级，不能独立实现日常生活活动，并具备下列状况之一：四肢瘫——四肢运动功能重度丧失；截瘫——双下肢运动功能完全丧失；偏瘫——一侧肢体运动功能完全丧失；单全上肢和双小腿缺失；单全下肢和双前臂缺失；双上臂和单大腿（或单小腿）缺失；双全上肢或双全下肢缺失；四肢在手指掌指关节（含）和足跗跖关节（含）以上不同部位缺失；双上肢功能极重度障碍或三肢功能重度障碍。（2）肢体残疾二级，基本上不能独立实现日常生活活动，并具备下列状况之一：偏瘫或截瘫，残肢保留少许功能（不能独立行走）；双上臂或双前臂缺失；双大腿缺失；单全上肢和单大腿缺失；单全下肢和单上臂缺失；三肢在手指掌指关节（含）和足跗跖关节（含）以上不同部位缺失（一级中的情况除外）；二肢功能重度障碍或三肢功能中度障碍。（3）肢体残疾三级，能部分独立实现日常生活活动，并具备下列状况之一：双小腿缺失；单前臂及其以上缺失；单大腿及其以上缺失；双手拇指或双手拇指以外其他手指全缺失；二肢在手指掌指关节（含）和足跗跖关节（含）以上不同部位缺失（二级中的情况除外）；一肢功能重度障碍或二肢功能中度障碍。（4）肢体残疾四级，基本上能独立实现日常生活活动，并具备下列状况之一：单小腿缺失；双下肢不等长，差距大于或等于 50 mm；脊柱强（僵）

直;脊柱畸形,后凸大于70°或侧凸大于45°;单手拇指以外其他四指全缺失;单手拇指全缺失;单足跗跖关节以上缺失;双足趾完全缺失或失去功能;侏儒症(身高小于或等于1300 mm的成年人);一肢功能中度障碍或两肢功能轻度障碍;类似上述的其他肢体功能障碍。

肢残儿童智力水平正常,与健全儿童无异,然而由于身体的残缺造成自卑、敏感、不合群等心理特点,通常在同龄儿童中受歧视,甚至被欺负与孤立。看到别人异样的眼光、听到别人的议论,其心理压力大,容易感到焦虑与自责。

第二节 江南民间儿歌对于特殊儿童的意义

残疾给特殊儿童的学习与生活造成诸多不便,影响他们接受信息的能力,需要特殊手段帮助他们完成知识技能的学习,不能因为他们身体残缺而剥夺他们受优质教育的权利。教育部等七部门联合印发的《第二期特殊教育提升计划(2017—2020年)》指出,要坚持尊重差异,多元发展。尊重残疾学生的个体差异,注重潜能开发和缺陷补偿,提高特殊教育的针对性。促进残疾学生的个性化发展,为他们适应社会、融入社会奠定坚实基础。

音乐是声音的艺术,通过音的高低、长短、强弱、音色等元素向人们表达不同的情感,具有审美、教育、娱乐、疗愈等功能。江南民间儿歌是音乐的一种表现形式,源自生活,是人们喜闻乐见的题材,简练短小,生活气息强,歌词幽默接地气,容易被儿童所接受。江南民间儿歌也是中华优秀传统文化的一部分,将江南地域的人文与习俗通过儿歌的形式表现出来,对儿童具有潜移默化的影响。特殊儿童获取信息的渠道受限,信息更新滞后,通常视野狭窄、自我封闭,对中华优秀传统文化的了解更是少之又少。俗话说,一方水土养一方人。人作为个体,既是外在群体(如国家)的构成元素,也是个体内心身份认同的载体。尤其是在现代社会,乡音乡情是身份认同、文化认同的重要途径,而乡音乡情在个体中的植入以在儿童期最为有效,正所谓"少小离家老大回,乡音无改鬓毛衰"。江南作为在各个历史时期对国家各方面均具有较大影响的区域,其民间儿歌对江南人文环境的构建具有重要意义。通过短小有趣、韵律感强、充满地域人文意蕴的江南民间儿歌让这一地域的特殊儿童感知乡音乡情,确立一定的"江南人"身份认同,具有重大价值。同时,通过对江南民间儿歌的认知,特殊儿童能够增强艺术感知能力、审美能力,打开内心世界,进而身心愉悦、获得健康人生。

一、江南民间儿歌与特殊儿童的身份认同

钱锺书曾经说过,人生不过是居家、出门、又回家。我们一切的情感、理智和意志上的追求或企图,不过是灵魂上的思乡病。想找一个人、一件事、一处地位,容许我们的身心在这茫茫世界有个安顿的归宿。"灵魂上的思乡病"就是一种身份认同,建立在乡音乡情上的灵魂才是有根的。身份认同指个人与特定社会文化的关系,是个体对自我身份的确认和对所归属群体的认知,以及对所伴随的情感体验及行为模式进行整合的心理历程,包括族群认同、文化认同、国家认同等。我们对自身身份的认同始自儿童时期对自身文化的构

建。身份认同感和身份认同度则表征个体在不同文化个体间的身份确认度,这种确认度的大小也受儿童时期家乡文化植入多寡的影响。身份认同包括自我的心理体验和身体体验,以及人的社会属性。在儿童时期的身份认同构建过程中,文化(教育)机构的运作促使个体积极或消极地参与相应的文化实践活动,进而实现其身份认同。

儿童时期是人一生中发展最为迅速、可塑性最强的时期,是个体情感、态度、行为、语言、认知等多方面发展的敏感期和奠基性阶段。而特殊儿童由于某方面与正常儿童不同,在日常生活中显现出某方面的障碍,因此,往往对自己不够自信,缺乏对自我的认可,社会性较弱,也往往处在族群文化的边缘,不能很好地得到同龄人群,甚至成人的关注。这造成特殊儿童心理上对自我身份的漠视,难以形成自己与他人之间的良好关系,无法融入正常儿童群体及社会的身份认可中。

民间儿歌来自民间,来自当地百姓祖祖辈辈的生活,因而自然带有一地一域的文化特色,带有当地特有的"烟火气",具有当地孩童熟悉的味道。民间儿歌不仅具有童真童趣,还是儿童从小刻记文化身份的符号。如何让民间儿歌在特殊儿童的发展中作为其确立身份认同的一条路径,值得我们考量。

民间儿歌具有地域性特点,尤其是在江南地区,虽都属吴越语系,但各地差异很大,方言众多,这种地域性特点就更为明显,一开口吟唱就彰显出歌者的籍贯身份。比如苏州儿歌和湖州儿歌的语言特色就不同,虽然两地都在太湖边。杭嘉湖地区语言的差异也是很大的。试看表5-3列举的十个词语普通话和四个城市方言的区别。

表5-3 十个词语普通话和四个城市方言的区别

普通话	苏州	杭州	嘉兴	湖州
脸	米孔(第四声)	脸孔	面孔	面孔
乌鸦	来乌	乌老鸦儿	老鸦	老鸦
锅子	我(第二声)子	菇子	我(第二声)子	我(第二声)子
新郎	新郎	新郎官儿	新官人	新官人
傍晚	夜(ya)快滴	晚快边儿	夜快边	夜快边
怎么样	那哈	结个套	啥事体	那哈
吵架	寻相姆	闹架儿	相姆	吵嘴、相姆
小孩儿	细一勾	小伢儿	小人	小把戏
耳环	耳环	库儿	圈	环子、库子
吃零食	嚫儿	吃(切)消闲果儿	吃(切)零食	吃(切)小食

再细究,如今杭州下辖的上城区、萧山区、临安区,语言也是迥异。上海作为海派大都市和江南重镇,它的方言也充满特色。如,上海南汇《街街亮,月月亮》的歌词"街街亮,月月亮,夜头出来白相相","夜头""白相相"就是典型的上海方言。因此,教育机构和家庭若能通过各种方式(包括手语)让特殊儿童用方言吟唱当地民间儿歌,会在其幼小的心灵深处播种下故乡身份的烙印,明确我是哪里人、从哪里来。民间儿歌大多具有可游戏的特

点,孩子们特别喜欢边唱歌边游戏的形式,地方方言的引导,加上游戏时身体动作的参与,多感官和意识共同作用,能使特殊儿童在民间儿歌的召唤下逐渐在语言、民俗、行为甚至思维习惯等方面,形成特有的地域身份认同。

民间儿歌可游戏的特点使其带有活动性,既可以促进特殊儿童身心发展,又可以为特殊儿童和其他同伴融合交流提供契机。学校(幼儿园)、家庭、社会三方都应该为特殊儿童提供参与民间儿歌活动的路径,鼓励他们主动、积极地参与活动,使他们逐渐能从自身出发,自行设计、实施民间儿歌活动,增强自我身份的认同度,为今后踏入社会做好身心的准备。教育行政部门和文化教育机构,应当认真贯彻执行教育部等部委制定的有关特殊教育的政策、法规、通知等,进一步增强特殊教育学校、普通学校随班就读、特教班和送教上门的运行保障能力;应把适宜特殊儿童发展的民间儿歌等民间优秀传统文化内容充实到特殊教育学校国家课程、地方课程教材中,形成科学、实用的特殊儿童教育课程教材体系。民间儿歌具有歌唱性、游戏性、趣味性等特点,对于落实"一人一案"、开展融合教育,进而促使特殊儿童获得良好的自我认知、自我肯定,明确自我身份,有很强的针对意义。

二、江南民间儿歌与特殊儿童的心理康复

美国著名音乐心理学家、音乐教育家,"音乐学习理论"创立者埃德温·戈登在研究了约10000个儿童样本后发现,儿童从出生到9岁间,音乐能力倾向呈现出不断变动和发展的状况。他认为,从出生到9岁属于音乐能力倾向发展的关键期,大约9岁时儿童的音乐能力倾向趋于稳定,进入稳定期音乐能力倾向阶段。[1]儿童期是人生发展的奠基性阶段,不仅是在音乐艺术方面,在美术、舞蹈、智力发展、情感情绪培养等方面也是如此。特殊儿童也是儿童,他们的音乐艺术能力发展状况也具有同正常儿童一样的关键期。特殊儿童由于生理上的缺陷而造成心理上的问题,必然会不同程度地影响他们的学习与发展。然而,目前一定程度上存在着家庭、学校、社会等各方面不能正视这种缺陷,对特殊儿童教育缺乏耐心的问题,包括对他们音乐艺术感知能力培养的缺失,造成更需要多关注、多呵护的特殊儿童在关键期反而得不到符合他们身心发展所需的学习活动的环境支持以及教育陪伴、艺术感知的机会,尽管特殊儿童与正常儿童一样充满对各种活动体验的渴望。如何根据特殊儿童的特殊状况,在他们的关键期营造与之相适宜的环境,进而进行针对性的刺激和训练,挖掘出特殊儿童的音乐艺术潜能,从而培养他们的艺术感知力、想象力、自我认同感、自我价值感、自我表达能力等是值得我们关注的。

人类大脑分为负责阅读、书写、计算等工作的左半脑(也称"语言脑")和负责音乐、画画、情感等工作的右半脑(也称"音乐脑")。[2]特殊儿童由于生理缺陷(如听觉障碍、视觉障碍等)导致左半脑(语言脑)活动受阻,因此开发他们右半脑(音乐脑)的任务就显得特别迫切。这不仅是特殊儿童大脑开发的需要,也是儿童发展关键期使然,人的推理能力、空间想象能力以及情绪情感体验经验都在这一时期开始形成的。美国当代心理学家劳伦斯认

---

[1] 许冰.埃德温·戈登音乐教学理论与实践[M].北京:人民音乐出版社,2014:48.
[2] 胡世红.特殊儿童的音乐治疗[M].北京:北京大学出版社,2011:37.

为,只有当大脑右半球也充分得到利用时,这个人才最具有创造力。右半脑即音乐脑开发所形成的思维模式不仅可以适当弥补左半脑障碍带来的不足,而且能永久保持。

特殊儿童由于身体原因造成一定程度的心理障碍,往往不愿意主动与人交往,害怕陌生环境,自卑心理较重,身心不够放松,内心缺少喜悦。而音乐不仅可以营造出轻松、愉悦的情绪氛围,还能产生随乐而动的效果,可以使特殊儿童身心都得到放松,逐渐变得自信和开朗起来。

视障儿童由于视力受阻,在观察、描述、读写、行动等方面都会产生障碍,不仅影响认知发展,更严重的是还会影响心理。我们应该扬长避短,充分发挥视障儿童的听觉能力,用音乐的手段唤起他们的快乐和信心。如让视障儿童听、唱江南民间儿歌,同时在教师的引导下对江南民间儿歌中的一些典型节奏进行声势音响的表达,在游戏性的音乐听觉活动中感受、体验江南民间儿歌的风格。在声势活动中,视障儿童不仅可以展示自我,还可以调动多种感官功能进行互补与综合,使空间知觉、体态语言、肢体协调能力和综合素质得到发展。

对于听障儿童而言,形象记忆优于语词记忆、视觉记忆优于动觉记忆,并且使用手语增强了他们视空间工作记忆能力,因此,可以在音乐活动中根据音乐的表现内涵多给他们看些和音乐表达有联觉关系的对应物,帮助他们理解音乐。同时,让他们运用手语表达对音乐的理解,还能逐渐增强空间处理能力,使空间感知能力得到较好的发展。根据罗伯的理论,与外显系统相比,内隐系统更为稳定,不易受到被试变量(如年龄、智力、疾病等)和任务变量的影响。虽然听障儿童的外显记忆劣于正常儿童,但是他们的内隐记忆丝毫不差于正常儿童。这启发我们可以通过创设良好的音乐内隐学习环境,激发听障儿童的音乐内隐记忆能力,进而使其获得较好的对音乐艺术的感知、鉴赏能力。例如,我们可以选取江南民间儿歌中一些具有综合性编创空间的内容,运用一定的方法将其与舞蹈、体操、游戏等融合在一起,通过综合性的艺术手段,让听障儿童的视觉、触觉等感官以及某些听障儿童残存的听力、语言共同参与,感知、体验江南民间儿歌的节奏和旋律,和正常儿童一样享受音乐、拥抱音乐,从而提高他们的自信心及与同伴交往的能力。

相对于视障、听障儿童而言,残障儿童运用江南民间儿歌进行音乐艺术的感知、体验活动更容易些,因为他们视、听没有问题,只是因为各种原因造成肢体某些部分有缺陷,但智力一般是正常的,认知心理发展也是正常的,对音乐要素的认知以及对音乐情绪情感的感知要优于视、听障儿童,学习内容的深度可以与普通儿童一样。由于这些儿童肢体残缺,他们的心理问题会比正常儿童大一些,主要反映在情感、个性等方面。因此,心理康复是肢残儿童特殊教育的一项重要内容。对肢残儿童而言,儿歌不失为一种比较适宜和有效的康复材料。民间儿歌的歌唱活动不仅能提升肢残儿童的音乐审美能力,更能起到心理治疗和康复的作用。

一言以蔽之,江南民间儿歌对于特殊儿童音乐艺术感知力的发展,即右脑的开发意义重大,不仅能使特殊儿童从小种下身份认同的种子,还能让他们通过歌唱性综合活动调节心理,促进心理康复。

第三节　江南民间儿歌在特殊儿童教育中的实践

艺术类课程教师如果要进入特殊教育领域,那么只具备艺术技能和素养是远远不够的,还要不断学习特殊教育理念,掌握特殊儿童教育学、心理学,尤其要开拓与儿童艺术教育与康复相关的知识,并能将这些内容融入课堂教学中。江南民间儿歌对于特殊儿童的成长有着重要意义,然而在特殊儿童群体中的运用却是寥寥无几,未能开发与挖掘出其潜在的特殊教育功能,为特殊儿童服务。因此,本节从特殊教育的视角出发,以案例的形式呈现江南民间儿歌在特殊儿童教育中的实践。

一、江南民间儿歌之于听障儿童

由于生理缺陷等原因,听障儿童无法像健全儿童那样听到各种悦耳的声音,包括音乐。但无论是全聋还是具有部分残余听力的听障儿童,他们都能通过老师的手势、物体的振动来感知韵律与节奏。因此,不能因为听障儿童听不到或听不清而忽视音乐教育活动,剥夺听障儿童平等享受教育资源的权利。江南民间儿歌来自于生活,有孩童熟悉的味道,容易被他们所接受与喜爱,适合用于开展音乐教育活动。

谱例5-1：

数 麻 雀

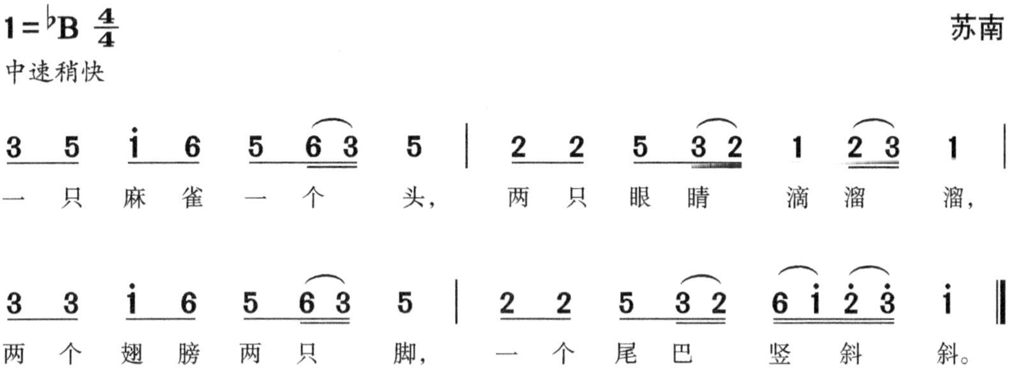

$1=\flat B$　$\frac{4}{4}$　　　　　　　　　　　　　　　　　　　　苏南

中速稍快

3 5　1 6　5 6 3　5 ｜ 2 2　5 3 2　1 2 3　1 ｜
一只　麻雀　一个　头，　两只　眼睛　滴溜　溜，

3 3　1 6　5 6 3　5 ｜ 2 2　5 3 2　6 1 2 3　1 ‖
两个　翅膀　两只　脚，　一个　尾巴　竖斜　斜。

（佚名唱、记）

《数麻雀》是一首江苏民间儿歌,流传于苏南地区,通过数麻雀的头、眼睛、翅膀、脚的数量,帮助儿童形成数字的概念,提高他们数数的能力。歌曲短小精练,节奏稍快,趣味性强,容易被儿童所接受。在学唱的过程中,儿童能够认识麻雀,掌握麻雀的特点,特别对于城市里的孩子来说,在生活中认识、接触麻雀的机会比较少,通过歌曲能够开阔视野,提高认知水平。

活动名称:

音乐活动《数麻雀》

活动对象:

学前小班、中班(听障儿童)

学情分析:

小班听障孩子处于具体形象思维阶段,形象、直观的小动物——麻雀能够帮助他们认识数量的属性,提高他们学习的兴趣,激发他们的求知欲。中班听障儿童前期通过教师个别化教育、语言训练等课程,能够简单发音。音乐活动中,老师用敲鼓、跺脚等方式,使他们能够通过鼓、地板的振动感受节拍,可以合着教师的鼓点边拍手边发音。视障儿童观察能力与模仿能力强,可以通过观察麻雀的外形等特点,加深对数字的理解并进行适当的拓展,比如"二只麻雀二个头,四只眼睛滴溜溜……"还可以合着音乐跟着老师做小鸟飞等律动。

活动目标:

(1)通过歌词的学习,掌握数字1、2的概念,认识数量的属性。

(2)通过学唱乐曲,学习正确发音,并能掌握1与2的正确读音。

(3)通过律动,感受歌曲欢快的旋律与节奏,培养创造力与想象力。

活动准备:

(1)麻雀图片,关于麻雀的视频资料。

(2)麻雀头饰。

活动过程:

1.导入

(1)老师播放江南春景,让孩子感受江南山水文化,引出小麻雀。

(2)老师播放乐曲《数麻雀》,并随音乐做动作,让孩子初步感受乐曲风格(欢快)。

2.学唱歌词

(1)老师出示麻雀图片,让孩子根据图片找一找麻雀的头、眼睛、翅膀、脚、尾巴等。

(2)老师边敲击鼓点边说唱歌词。

(3)孩子跟着老师念歌词。(听障儿童由于听力受阻,只能通过老师的口型尝试模仿发声,需要的时间会较长,老师通过手语帮助孩子理解歌词,同时要求每个孩子发出声音,重点关注1、2的发音,使孩子能够准确发出1、2的读音,并能理解1、2的含义。)

(4)老师敲鼓点(×× ×× ××× ××),孩子说唱歌词。

3.音乐律动

(1)老师分发头饰,让孩子模仿麻雀动作。

(2)老师跟着音乐做动作(小鸟飞、小鸟嬉戏等)。

(3)孩子跟着老师做动作,感受欢快的旋律与节奏。

(4)让孩子自由发挥、随鼓点做动作,并请个别孩子表演。

活动拓展：

(1) 老师出示两只麻雀，让孩子编歌词。(让听障儿童学会5以内的数数，同时初步感受1与2的倍数。)

(2) 通过画麻雀加深孩子对数字的理解，使其掌握麻雀的外形特点。

老师通过《数麻雀》这首简短的江南民间儿童歌曲，挖掘江南文化，让听障儿童感知乡音乡情，确立一定的身份认同，在潜移默化中传承传统文化。听障儿童在学唱的过程中，掌握了事物(麻雀)的外形特点，提高了认知能力，开阔了视野。

二、江南民间儿歌之于视障儿童

视障儿童的听觉与触觉相对较灵敏，富有地域特色的江南民间儿歌容易引起其情感共鸣。视障儿童能够在婉转悠扬的旋律中感受江南民间儿歌的曲调，在通俗易懂、富有方言特色的歌词中获取精神食粮，增长知识，提高审美能力与文化自豪感。老师要选择适合视障儿童欣赏与学唱的江南民间儿歌，充分发挥其听觉灵敏的优势，让他们通过聆听乐曲充分发挥想象力，感受乐曲的韵律美、意境美，形成身份认同。

谱例5-2：

金锁银锁

1=D 4/4　　　　　　　　　　　　　　　　　　　　　上海市区
中速 ♩=90

| 6　5　3　5 | 3 6　6 5　3　5 :‖ 3 6　6 5　3 5　0 ‖
金　锁　银　锁　轧 啦 啦 啦 一　锁，　轧 啦 啦 啦 一　锁！

(佚名唱　黄白记)

《金锁银锁》是流传于上海市区的一首民间儿童游戏歌曲。游戏时一名儿童张开手掌，掌心向下，众儿童用食指抵住此儿童手心。此儿童任意反复歌唱，直到要抓手指时，接唱结束句"3 5""一锁"，合掌抓手指，若抓不住则继续张掌唱歌，若抓住则由被抓儿童张掌歌唱。歌曲曲调简单易传唱，由3、5、6三个音构成，通过节奏变化增加音乐游戏的趣味性。视障儿童由于视力缺陷，与同伴的互动相对较少，选择此类江南民间儿歌，能够以音乐游戏的形式增进同伴间的交流，运用听觉、触觉等感受音乐，体验与同伴互动带来的愉悦感，起到康复补偿的作用。

活动名称：

音乐游戏《金锁银锁》

活动对象：

学前中班(视障儿童)

学情分析：

班内共十位孩子，其中三位女生，七位男生；四位低视力，六位全盲。该班视障儿童通过前期的学习，已具备一定的认知基础和动作创编能力，能够安静聆听音乐，能听懂简单的动作指令（如合掌、张掌、双手举起、双手放下等），在老师的引导下能对儿歌进行动作创编。个别孩子相对内向，自我封闭，同伴间的交流不多，需要适宜的趣味性强的音乐游戏作为载体，促进同伴间的交流与沟通。

活动目标：

(1)欣赏《金锁银锁》，感受江南民间曲调。

(2)记住儿歌歌词并积极参与游戏，在游戏活动中体验快乐，增进同伴间的交流。

(3)通过游戏培养视障儿童的专注力与快速反应能力。

活动准备：

《金锁银锁》音像资料，锁。

活动过程：

1. 导入

(1)老师弹奏《金锁银锁》旋律，并提问——你觉得这是一首怎样的乐曲？

孩子回答——欢快、开心。

(2)老师提问——你听到了哪几个音？

孩子回答——6 5 3（听障儿童乐感强，听力好，通常能听出乐曲的旋律并模唱。）

(3)老师拿出锁让孩子们摸一摸，引出儿童游戏歌曲《金锁银锁》。

2. 学唱《金锁银锁》

(1)老师弹奏旋律，孩子模唱。

(2)老师教唱歌词——金锁银锁轧啦啦一锁。

(3)请个别孩子演唱。

3. 音乐游戏

(1)老师讲解音乐游戏规则，并示范。

(2)分组游戏（将十位孩子分成两组，五人一组），老师根据孩子们活动情况分别指导。

(3)孩子们自由组队进行游戏。（促进孩子们之间的交流，让孩子学会与同伴沟通、交流）

活动拓展：

(1)课后与同伴自由组合做《金锁银锁》游戏。

(2)亲子游戏——《金锁银锁》，让孩子找父母做游戏。

《金锁银锁》旋律欢快、时长适宜，适合中班视障儿童。通过音乐游戏的形式更能培养视障儿童对音乐的兴趣，提升视障儿童的语言能力、专注力和身体协调能力，促进其社会交往能力的发展。同时通过亲子游戏，能够增进视障儿童与父母亲密和谐的亲子关系，让他们更有安全感，体验与父母交流带来的愉悦感。

三、江南民间儿歌之于智障儿童

智障儿童由于智力无法达到正常水平,往往存在感知障碍、情感障碍、运动障碍等问题,一般就读于培智学校。培智学校主要招收智障儿童、孤独症儿童、脑瘫儿童等特殊儿童,学校里的音乐课以唱游律动为主,根据学生的学习能力安排教学内容,设计适合的活动形式,培养与发展学生的视听觉、触觉、记忆力、专注力、动作协调性等,促进其身心和谐发展。江南民间儿歌具有地域特色,有许多为儿童嬉戏、游戏而创作并传唱的作品,短小的作品中凝结了劳动人民的智慧,蕴含着教儿童为人处世的人生哲理。我们可以结合当地文化特色,以江南民间儿歌为材料,选择一些具有综合性编创空间、适于儿童唱游律动的作品,与舞蹈、游戏等融合在一起,帮助智障儿童获取知识经验,开发潜能,补偿缺陷,发挥特殊音乐教育的育人功能。

(一)《斗斗虫》

谱例5-3:

斗 斗 虫

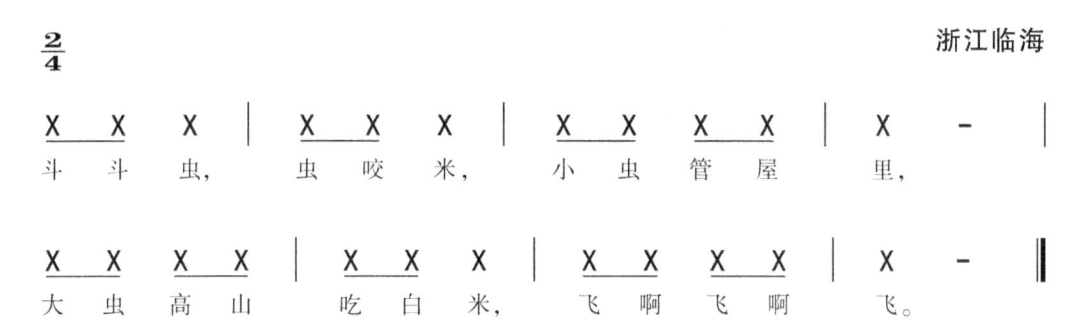

浙江临海

$\frac{2}{4}$

X X X	X X X	X X X X	X —
斗 斗 虫,	虫 咬 米,	小 虫 管 屋 里,	

X X X X	X X X	X X X X	X — ‖
大 虫 高 山	吃 白 米,	飞 啊 飞 啊	飞。

《斗斗虫》是一首浙江台州临海民间童谣,在老百姓口中代代相传,具有浓郁的地域特色和生活气息,童趣盎然,是人们逗孩童的小游戏。大人让孩子握拳伸出食指,将两个食指尖相互"斗"着玩,合着童谣的节拍相碰再分开,唱到最后一句时加重语气,同时将两手指分开呈飞状。通过短小的游戏,开发小孩的左右脑,提高孩子的协调能力。

表5-4是特殊儿童进行儿歌音乐活动的设计案例。

表 5-4 《斗斗虫》音乐活动设计案例

课程	唱游律动	年级	二	教材	自编教材	主题	民谣儿歌
课题	斗斗虫	课时	2	学生数	8	教师	张露莎	助教	陈萱

一、学生基本情况分析

姓名	障碍类型	行为习惯分析	目标起点分析	特殊需要分析
蔡**	智力残疾3级	1.学习能力较强,能够较准确地理解老师的指令并表达。口齿较清。 2.节奏感较差,动手能力一般。 3.专注力较差,上课容易走神,小动作较多,需经常提醒。	1.能积极主动地参与各种音乐游戏。 2.能基本学唱老师所教的短小乐句。 3.能配合音乐简单地律动。	口语提醒,多鼓励,激发兴趣。
吴**	智力残疾3级	1.有一定的学习能力,配合能力较好,语言表达能力较好。 2.上课专注力差,特别容易走神。 3.节奏感较好,动手能力一般。	1.能积极主动地参与各种音乐游戏。 2.能基本学唱老师所教的短小乐句。 3.能较准确地把握节奏。	口语提醒,多鼓励,激发兴趣。
张**	智力残疾3级	1.学习能力较强,能够较准确地理解老师的指令,语言表达能力较好。 2.口齿较清晰,记忆力较好,识字量较多。 3.节奏感较强,动手能力较强。	1.能积极主动地参与各种音乐游戏。 2.能较快学唱老师所教的简单乐句。 3.能较准确地把握节奏。	口语提醒,多鼓励,激发兴趣。
罗**	智力残疾2级	1.课堂参与度不高,缺乏积极性。 2.识字量尚可,不愿开口,需老师反复提醒。 3.聆听时专注力尚可。	1.在老师的引导下,能配合参与各种音乐游戏。 2.能基本学唱老师所教的短小乐句。	口语提醒,多鼓励,激发兴趣。
朱*	智力残疾2级 听力残疾3级	1.很少开口且发音模糊。 2.有一定的动手能力。 3.节奏感不强。	1.在老师的引导下,能配合参与各种音乐游戏。 2.能参与简单的音乐律动。	口语提醒,多鼓励,激发兴趣。
梁**	智力残疾3级	1.有一定的学习能力,口齿清晰度较好。 2.上课专注力差,特别容易走神,需要老师提醒。 3.身体协调能力不佳,节奏感一般。	1.能积极主动地参与各种音乐游戏。 2.能基本学唱老师所教的短小乐句。 3.能配合音乐简单地律动。	口语提醒,多鼓励,激发兴趣。
李**	智力残疾2级	1.能配合老师课堂教学,缺乏积极性。 2.比较安静,反应慢,动作十分缓慢。 3.聆听时专注力尚可。	1.在老师的引导下,能配合参与各种音乐游戏。 2.能基本学唱老师所教的短小乐句。	口语提醒,多鼓励,激发兴趣。必要时需要助教配合。
李**	智力残疾2级 孤独症	1.上课专注力较差。 2.配合能力较差。	在老师的引导下,能配合参与各种音乐游戏。	需要助教配合。

续表

二、教学目标统整

长期目标	短期目标	课时目标	蔡** 目标	蔡** 支持	吴** 目标	吴** 支持	张** 目标	张** 支持	罗** 目标	罗** 支持	朱** 目标	朱** 支持	梁** 目标	梁** 支持	李** 目标	李** 支持	李** 目标	李** 支持
1-1-3 能初步感受声音的强弱、快慢。	1-1-3-1 具备感受声音的强弱、快慢的能力。	感受歌曲的节奏特点。	/	/	/	/	/	/	/	/	/	/	/	/	1	90%口头提示	1	90%口头提示
1-2-2 能有节奏地念简单的童谣。	1-2-2-1 具备有节奏地念简单童谣的能力。	尝试有节奏地念出完整的歌词，并理解歌词含义。	234	100%完全独立	234	100%完全独立	234	100%完全独立	234	80%监督	234	90%监督	234	80%监督	34	60%口头提示	34	50%广泛辅助
1-2-3 能聆听范唱，用自然的声音模仿歌唱。	1-2-3-1 具备聆听范唱，用自然的声音模仿歌唱的能力。	尝试用欢快、跳跃的感觉来演唱。	5	90%监督	5	90%监督	5	90%监督	5	80%口头提示	5	80%口头提示	5	80%口头提示	5	60%广泛辅助	/	/
1-3-1 愿意参加音乐游戏活动，体验游戏的乐趣。	1-3-1-1 遇见音乐游戏会主动参与。	通过唱游活动培养学生合作、互助的精神。	6	90%监督	6	90%监督	6	90%监督	6	80%口头提示	6	80%口头提示	6	80%口头提示	6	50%广泛辅助	/	/

三、教材分析

本课选自台州临海地方民间童谣《斗斗虫》，它是一首儿歌，也是一种开发儿童智力与协调能力的小游戏，一般会一边说一边教儿童两手食指相斗，锻炼儿童的手眼协调能力。歌曲欢快，富有童趣，表现了虫子吃米飞起来的场景。歌词浅显却包含着长辈养育的辛苦。本节课为第一课时，着重于感受歌曲的节奏特点；理解歌词含义；让学生尝试用欢快、跳跃的感觉来说一说歌词，一边表达歌词一边两手互斗；通过唱游活动培养学生的感恩之心。

四、教学重点

1. 感受歌曲的节奏特点。
2. 较完整、准确地表达歌词。

续表

五、教学难点
一边表达歌词,一边两手互斗。
六、教学资源
PPT。

七、教学活动过程

教师活动	学生活动	资源和支持	评量方式	设计意图
(一)律动进教室 课前热身 　　小朋友按节奏拍手排队进教室(A、B、C组)。老师引导。	全员参与,听音乐,拍手排队进教室。	PPT支持 助教辅助	实作评量	欢快的节奏调动学生积极性。
(二)学习新知 1.导入 　　欢迎来到我们的音乐课堂。今天的音乐课老师邀请了一个小伙伴来做客,他是谁呢?(A、B组) 　　小虫子。 　　我们一起来学习《斗斗虫》。 　　小虫子有点饿了怎么办?他喜欢吃什么呢?请同学们用心聆听歌曲(初听歌曲),请出这位小伙伴。	趣味、礼貌问答。 猜小虫子喜欢吃的东西。(A、B、C组)	PPT支持	实作评量	通过问答,理解歌词。
2.学习歌曲 (1)学习歌曲第一句:斗斗虫,虫咬米。 (2)分句学习《斗斗虫》。 (3)巩固复习第一句。 (4)教唱歌曲第二句。(虫子们喜欢干什么呢?)老师示范唱全曲,学生二次聆听。 　　小虫管屋里。(观看老师手指相斗)(A、B、C组) (5)教唱歌曲第三句。 　　大虫高山吃白米。(按节奏读歌词A、B组,简单动作模仿A、B、C组) (6)教唱歌曲第四句。 　　飞啊飞啊飞。(一边唱一边手指相斗) (7)尝试完整、连贯地说唱歌曲。	A、B组要求按节奏念出句子。 学生安静用心聆听,尝试在歌曲中找到答案。(A组学生主动举手回答,B、C组学生可在老师的引导下尝试回答)	老师引导 PPT支持 助教辅助	口语评量 实作评量	用节奏念唱的方式表现出来,为学习歌曲第一句做铺垫。 教师逐句教唱,以便学生更好掌握。

续表

	模仿两手食指相斗的动作。(A、B、C组)全体同学参与说唱,一边唱一边手指相斗。(主要是对A、B组学生的要求)	助教辅助PPT支持	口语评量实作评量	用手指相斗的动作加深对歌词的记忆。
3.表演唱 复习斗手指的动作。(A、B、C组)加入动作完整地说唱歌曲。				
(三)总结 　　今天我们认识了爱吃米的小虫子,小虫子在家里面,大虫子出去找吃的。	在老师的引导下回顾本节课内容。用心聆听。	PPT支持	口语评量	让学生养成安静、专心聆听的习惯。
(四)拓展练习 　　作业:同学们,你们家里又是谁像大虫子一样辛苦劳动,赚钱买吃的给同学们呢? 请同学想一想,我们要和这个辛苦的人说什么呢? 请同学们回家说一说,我们下节课来讨论。	语言表达对辛苦工作的家长的感谢。	家长辅助	口语评量实作评量	培养学生的感恩之心。

板书:

斗 斗 虫

$\frac{2}{4}$

X X X	X X X	X X X X	X —
斗 斗 虫,	虫 咬 米,	小 虫 管 屋	里,

X X X X	X X X X	X X X X X	X — ‖
大 虫 高 山	吃 白 米,	飞 啊 飞 啊	飞。

(教学设计由台州市路桥区启智学校提供)

(二)《十二生肖》

谱例5-4:

十二生肖

浙江台州

$\frac{2}{4}$

X X X X	X 0	X X X X	X 0	X X X X	X 0
老大叽啊叽,		老二好力气,		老三名头大,	

```
X X X X | X  0 | X X X X | X  0 | X X X X | X  0 |
老四钻柴哈,   老五飞上天,    老六到路边,

X X X X | X  0 | X X X X | X  0 | X X X X | X  0 |
老七吃公粮,   老八白洋洋,    老九猢狲精,

X X X X | X  0 | X X X X | X  0 | X X X X | X  0 ‖
老十啼天明,   十一吃不饱,    十二困大觉。
```

《十二生肖》是一首流传于浙江台州的民间童谣,是用当地方言传唱、教会孩童认识十二生肖的儿歌,语言质朴,具有很强的语言表现力。童谣通过形象生动、朗朗上口的方言合着节拍,帮助孩童记住十二生肖的顺序:老大叽啊叽(鼠),老二好力气(牛),老三名头大(虎),老四钻柴哈(兔),老五飞上天(龙),老六到路边(蛇),老七吃公粮(马),老八白洋洋(羊),老九猢狲精(猴),老十啼天明(鸡),十一吃不饱(狗),十二困大觉(猪)。

课程	唱游律动	年级	五	教材	自编教材	主题	自然与社会
课题	十二生肖	课时	3	学生数	11	教师	陈萱	助教	张露莎

<table>
<tr><td colspan="5">一、学生基本情况分析</td></tr>
<tr><th>姓名</th><th>障碍类型</th><th>行为习惯分析</th><th>目标起点分析</th><th>特殊需要分析</th></tr>
<tr><td>陈**</td><td>智力残疾2级</td><td>1.学习能力较强,能够较准确地理解老师的部分指令,表达也能够到位。口齿较清晰,记忆力较好,识字量较多。
2.节奏感较强,大肌肉运动能力、小肌肉精细动作能力均不错。
3.很爱说话,有时会打乱课堂纪律,需要老师提醒。</td><td>1.能积极主动地参与各种音乐游戏。
2.能基本学唱老师所教的短句,记歌词也很快。
3.能配合音乐有节奏地律动。</td><td>多鼓励,教师注意上课的纪律问题。</td></tr>
<tr><td>*宝*</td><td>智力残疾2级</td><td>1.学习能力较强,识字量较多,能比较快速地理解老师发布的指令并给予回应,能较快地学习。
2.节奏感、身体协调能力较强。
3.上课专注力高,但很爱管别的同学,随时需要老师提醒。</td><td>1.能积极主动地参与各种音乐游戏。
2.能跟唱老师所教的短小乐句,但反复练习才能自己唱。
3.能配合音乐有节奏地律动。</td><td>多鼓励,激发兴趣,言语提醒纪律问题。</td></tr>
<tr><td>周**</td><td>智力残疾2级</td><td>1.学习能力较强,能够较快速准确地理解老师的指令,识字量较多,记忆力较好,但不愿开口。
2.小肌肉精细动作能力较好,大肌肉运动能力偏弱。
3.上课时会推搡他人。</td><td>1.能在老师提醒下参加音乐游戏。
2.能较快地学习音乐律动游戏。</td><td>言语、肢体提醒,要求该生多参与课堂内容。</td></tr>
</table>

续表

姓名	残疾类别	基本情况	音乐课表现	教学策略
钟**	智力残疾2级	1.学习能力较强,能够较准确地理解老师的指令,表达也能够到位。口齿较清晰,记忆力较好,识字量较多。 2.节奏感较强,大肌肉运动能力较强,小肌肉精细动作能力偏弱。 3.习惯性抱着水杯跷二郎腿,老师邀请上台时总是说"我害羞"。	1.能积极主动地参与各种音乐游戏。 2.能基本学唱老师所教的短小乐句。 3.能配合音乐律动,但不愿意站起来展示。	多鼓励,激发兴趣,言语、眼神提醒。
何**	言语残疾2级	1.学习能力较强,上课也较为积极,但兴趣维持时间不长,会突然感到劳累无聊。 2.模仿能力、大肌肉运动能力、小肌肉精细动作能力均较好。言语方面只会用词汇或单字来表达。	1.在老师的引导下,能配合参与各种音乐游戏。 2.能参与简单的音乐律动。 3.感兴趣时间较短。	言语提醒,多鼓励,激发兴趣。
罗**	智力残疾3级	1.有一定学习能力,能进行简单问答,老师强调的指令能做到。 2.节奏感尚可,能模仿老师进行学习,大肌肉运动能力、小肌肉精细动作能力都尚可。 3.专注力较差,上课易走神,逃避时会把脑袋伸进课桌里面。	1.在教师的引导下,能配合参加各种音乐游戏。 2.能学会简单单一的音乐律动。	言语、肢体、眼神提醒,多关注学生上课表现、纪律。
方**	智力残疾3级	1.学习能力不错,能够较准确地理解老师的指令并表达。 2.节奏感、动手能力一般,小肌肉精细动作能力不错,但动作迟缓,大肌肉运动能力较差。 3.社交能力差,专注力较差,上课容易走神,不感兴趣,需经常提醒。	1.情绪稳定时能积极主动地参与各种音乐游戏,节奏把握能力一般,总是慢悠悠地走。 2.能较快地学唱老师所教的乐句。 3.情绪管控能力较差。	言语、肢体提醒,多鼓励,激发兴趣。
玲	智力残疾2级	1.有一定的学习能力,口齿不清晰,但对于熟悉的简单词语能发出较清晰响亮的声音。 2.上课专注力差,特别容易走神,情绪管理能力较差。 3.注意力集中时模仿能力较强。	1.能积极主动地参与各种音乐游戏。 2.能较快地学唱老师所教的乐句。	言语提醒,多鼓励,激发兴趣。

续表

管**	智力残疾3级	1.很少开口且发音模糊,很难做到跟着老师或音乐的节奏摆动,但会有自己的节奏。 2.上课注意力差,特别容易走神,并喜欢在教室里走来走去,打扰别的同学。	能模仿着参加音乐游戏。	言语辅助、眼神辅助、半肢体辅助。
林**	智力残疾3级 重度听力残疾	1.为聋哑生,很少开口且发音模糊,手中持有乐器时会有兴趣,但很难做到跟着老师或音乐的节奏摆动,有自己的节奏。 2.有一定的动手能力,眼神注视下模仿能力不错。	不能配合参与各种音乐游戏。	全肢体、半肢体辅助。
杨**	智力残疾4级 言语残疾	1.有奶奶陪读作为辅助,为聋哑生,很少开口,开口时无声发音或发音模糊。 2.手中持有乐器时会有兴趣,但很难做到跟着老师或音乐的节奏摆动,有自己的节奏。 3.眼神注视很认真,追视能力不错。	奶奶带动参加各种音乐游戏,无法做到独自参加活动。	全肢体、半肢体辅助。

二、教学目标统整

长期目标	短期目标	课时目标	陈** 目标	陈** 支持	*宝* 目标	*宝* 支持	周** 目标	周** 支持	钟** 目标	钟** 支持	何** 目标	何** 支持	罗** 目标	罗** 支持	方** 目标	方** 支持	*玲* 目标	*玲* 支持	管** 目标	管** 支持	林** 目标	林** 支持	杨** 目标	杨** 支持
2-2-1-1具备用歌声表达问候的能力。	2-2-1-1-1能撷取已学会的歌词表示问候。	课前问好,能主动地和老师互唱《你好歌》并挥手。	45	100%完全独立	45	100%完全独立	4	100%完全独立	45	100%完全独立	4	100%完全独立	45	100%完全独立	45	80%口头提示	45	80%口头提示	34	80%口头提示	23	50%广泛辅助	12	50%广泛辅助	23	50%广泛辅助

续表

2-3-3-1 具备在音乐游戏中对节奏、速度、力度、音高等做出基本准确反应的能力。	2-3-3-1-1 在音乐游戏中能对速度做出基本准确反应的能力。	完成音乐游戏《走走停》，跟随音乐速度完成游戏。	5	90%监督	5	90%监督	5	90%监督	5	90%监督	45	80%口头提示	23	50%广泛辅助	34	80%口头提示	34	90%监督	12	50%广泛辅助	23	50%广泛辅助
2-1-8-2 具备欣赏本地区、本民族童谣的能力。	2-1-8-2-1 愿意欣赏本地区、本民族的童谣。	尝试有节奏地边拍手边念出完整的歌词。	345	90%监督	34	80%口头提示	34	80%口头提示	345	90%监督	34	80%口头提示	234	80%口头提示	34	80%口头提示	23	50%广泛辅助				

三、教材分析

歌曲《十二生肖》节奏明快、单一、较为简单，便于孩子们记忆。本节课为音乐游戏课，着重于感受歌曲的节奏特点，熟悉歌曲旋律；能拍着手跟上节奏，感受节奏韵律；简单认识十二生肖所代表的十二种动物；体验与同伴、老师一起游戏的快乐。

四、教学重点

1. 感受歌曲的节奏特点，用拍手打出节奏。
2. 拍着手跟上节奏，感受节奏韵律。
3. 简单知道十二生肖的顺序。

五、教学难点

当听到自己所代表的生肖时能有所反应。

六、教学资源

音频、视频。

续表

七、教学活动过程				
教师活动	学生活动	资源和支持	评量方式	设计意图
（一）问好 唱《你好歌》： 　　言语提示，示范辅助学生伸出手来，起头唱"你好你好，小朋友们好"并挥手。	全员参与，听音乐，挥手回应老师"你好你好，陈老师你好"。		口语评量 实作评量	让学生习惯课堂流程，有"上课了"的意识。
（二）热身律动 　　播放奥尔夫音乐《走走停停》，引导学生围绕教室边缘跟音乐走一走。	围绕教室边缘跟随音乐节奏，音乐开始便走一走，音乐停止便在原地不动。	音频	实作评量	简单热身，感受音乐节奏变化，并做出相应变化。
（三）学习新知 1.导入 我们先来看一个视频，看完了老师要请同学们回答一些问题。 那我们今天就来学习这首歌《十二生肖》的节奏动律。	观看视频，说一说这是我们的方言在唱的歌。	视频	口语评量 实作评量	感受方言魅力，引起学生兴趣。
2.学习《十二生肖》 (1)出示视频，老师示范拍手跟上音乐节奏。 (2)老师再次示范，一边拍一边喊节拍，拍出重音，重复几遍。 (3)点名说一说，一句话要拍几下，老师在黑板上画出节拍"|×× ××|× 0|"。 (4)全体学生学习节奏拍手"|1 2 34|1 空|"，反复多次练习。 (5)点名学生上台做小老师，边喊节奏边拍手。 (6)不再喊节奏，把节奏拍手代入到歌词里面去，一一对应起来。 (7)小组表演练习。	观察老师的示范动作，尝试跟着做一做。跟上老师拍手的节奏，有言语能力的学生跟着喊节奏。	黑板板书	观察评量 口语评量 实作评量	老师示范，学生观察老师的示范动作，找出规律。
3.音乐游戏	学生跟随老师喊的节奏拍手。开火车练习，集体游戏。		观察评量 实作评量	跟随歌词，逐步将旋律节奏和歌词内容相结合。
（四）拓展练习 　　在完成音乐游戏之后，引导学生围坐一圈，说一说每个人所对应的歌词，猜一猜每句歌词代表哪一种小动物，模仿这些小动物做一做动作。	在老师的引导下猜一猜各种小动物，并想象模仿一下小动物的样子。		口语评量 实作评量	班级学生加上老师正好12人，让学生联系生活，发挥想象力，玩中学，学中玩。

| (五)总结 最后播放视频,引领学生跟着老师模仿拍手节奏。 | 在老师的引导下拍手。 | | 实作评量 | 加深印象,为第二、三课时的教学做准备。 |

板书:

十二生肖

$\frac{2}{4}$

| X X X X | X 0 | X X X X | X 0 | X X X X | X 0 |
| 老大叭啊叭, | | 老二好力 气, | | 老三名头 大, | |

| X X X X | X 0 | X X X X | X 0 | X X X X | X 0 |
| 老四钻柴 哈, | | 老五飞上 天, | | 老六到路 边, | |

| X X X X | X 0 | X X X X | X 0 | X X X X | X 0 |
| 老七吃公 粮, | | 老八白洋 洋, | | 老九猢狲 精, | |

| X X X X | X 0 | X X X X | X 0 | X X X X | X 0 |
| 老十啼天 明, | | 十一吃不 饱, | | 十二困大 觉。 | |

(教学设计由台州市路桥区启智学校提供)

参考文献

[1]《中国民间歌曲集成》全国编辑委员会,《中国民间歌曲集成·江苏卷》编辑委员会.中国民间歌曲集成·江苏卷(上下册)[M].北京:中国ISBN中心,1998.

[2]《中国民间歌曲集成》全国编辑委员会,《中国民间歌曲集成·上海卷》编辑委员会.中国民间歌曲集成·上海卷[M].北京:中国ISBN中心,1998.

[3]《中国民间歌曲集成》全国编辑委员会,《中国民间歌曲集成·浙江卷》编辑委员会.中国民间歌曲集成·浙江卷[M].北京:人民音乐出版社,1993.

[4]布莱金.人的音乐性[M].马英珺,译.北京:人民音乐出版社,2007.

[5]蔡丰明.湖笔在中国书写文明史上的重要地位与影响[J].浙江社会科学,2001(6):164-167.

[6]曾婉,爱群,锦华.中国民间儿童歌曲集[M].北京:人民音乐出版社,1991.

[7]陈秋祥,姚申,董淮平.中国文化源[M].上海:百家出版社,1991.

[8]戴星照,胡振鹏.鄱阳湖资源与环境研究[M].北京:科学出版社,2019.

[9]方俊明,雷江华.特殊儿童心理学[M].2版.北京:北京大学出版社,2015.

[10]胡世红.特殊儿童的音乐治疗[M].北京:北京大学出版社,2011.

[11]李成等.浙江民间儿童歌曲研究[M].杭州:浙江大学出版社.2011.

[12]李桂枝.刍议特殊儿童音乐教育的价值[M].中小学音乐教育,2016(6):8-10.

[13]李桂枝.高职特殊教育儿童康复专业艺术类课程实践教学建设的研究[J].实验室研究与探索,2017,36(11):215-219.

[14]李桂枝.声势活动在视障儿童音乐教学中的运用[J].中小学音乐教育,2019(5):12-13.

[15]李跃龙等.洞庭湖的演变、开发和治理简史[M].长沙:湖南大学出版社,2012.

[16]佘德余.浙江文化简史[M].北京:人民出版社,2006.

[17]王文洪.探讨舟山海洋文化的发展轨迹[J].海洋开发与管理,2008,25(8):120-124.

[18]熊琪.高等融合教育背景下听障大学生与健听人的人际关系研究[D].武汉:华中师范大学,2014.

[19]许冰.埃德温·戈登音乐教学理论与实践[M].北京:人民音乐出版社,2014.

[20]杨瑞庆.对民歌中上下句对应结构的再认识[J].音乐探索,2001(4):32-35.

[21]张厚粲.心理学[M].天津:南开大学出版社,2002.

[22]中国社会科学院语言研究所,中国社会科学院民族学与人类学研究所,香港城市大学语言资讯科学研究中心.中国语言地图集:第2版.汉语方言卷[M].北京:商务印书馆,2012.

[23]周大风.浙江民歌的音乐特色[J].音乐研究.1980(3):55-73.

[24]朱立元.美学大辞典[M].修订本.上海:上海辞书出版社,2014.

[25]朱秋枫.浙江歌谣源流史[M].杭州:浙江古籍出版社,2004.

附录　江南民间儿歌相关谱例

注：谱例除注明出处外，其余均引自马骧主编的《中国民间歌曲集成·浙江卷》、石林主编的《中国民间歌曲集成·江苏卷（上下册）》、江明惇主编的《中国民间歌曲集成·上海卷》。

黄泥昵崽

1=C 2/4

浙江景宁

活泼地

| 6 6 1 1 | 6 3 6 | 1 6 1 6 | 6 — | 6 6 6 3 | 1 — | 3 1 6 1 | 6 6 ⁶1 ‖

黄泥昵崽① 拱啊拱，转寮②问爷 娘。 爷娘唔喜臂④， 害到你娘 拱半死。

①黄泥昵崽：小蚂蚁。
②拱：扛。
③转寮：回家。
④喜臂：吃肉。

（佚名唱　李玉芬记）

读 书 歌

1=G 2/4

浙江景宁

中速

2/4 5 6 5 3 | 3/4 5 1 3 — | 2/4 5· 6 | 6 5 3 3 | 3 — |
我娘未送　我读书， （哩） 我今不（哪）认

3/4 1 5 5· 5 6 | 2/4 3 — | 5 6 5 3 | 3 5 6 3 | 5· 6 |
字（哩）一（哩　哦）个； 擎起笔头 不会写（哩，哩）

| 6 3 3 5 | 3 — | 5 6 5 1 | 5 5· | 3 — ‖
人 （哪） 人 讲我不 算（哩） 数。

动物问答歌

浙江景宁

1=D 4/4
中速

i 6 6 5 6 5 6 6 | 5 6 5 3 5 3 - | 5 6 5 5 i 3 5 3 |
什么 叫声 呷呷呷，哩啰哩 啰。 鸭子 叫声 呷呷呷，
什么 开口 叫妈妈，哩啰哩 啰。 山羊 开口 叫妈妈，

5 6 5 3 5 3 - | 3 6 6 5 6 5 1 3 | 5 6 5 3 5 3 - |
哩啰 哩 哩。 什么 清晨 喔喔啼，哩 啰 哩 哩。
哩啰 哩 哩。 什么 夜里 忙得 欢，哩 啰 哩 哩。

5 6 6 5 3 1 3 3 | 5 6 5 3 5 3 - ‖
公鸡 清晨 喔喔啼，哩 啰 哩 哩。
猫咪 夜里 忙得 欢，哩 啰 哩 哩。

注：《黄泥昵崽》《读书歌》《动物问答歌》由景宁实验幼儿园徐云英提供。

虫虫飞

浙江建德

1=C 3/4

5 3 5 i | 5 i 5 3 | 5 3 i i | i 5 | 3 3 | 5 3 i i |
虫虫 飞，飞过 去，打陈 酒， 削①线 鸡， 请朋 友，

5 i i 5 | 3 - - | 5 6 3 5 i 5 3 | 3 - - ‖
朋友 勿在 家。 请阿拉 妹妹②勒依 过。③

①削：杀、斩。
②妹妹：指婴儿或小孩。
③勒依过：这里是对小孩的一种昵称。

（王永妹唱　李成记）

放 牛 调

浙江嘉兴

1=C

5·6 i | i i 6 5 | 5·i 6 5 | 3 5 | 5·6 5 6 | i i 6 |
安安哦 来来来篙，篙儿来来 呀篙， 呀篙呀篙 来来

| 5 5 | 5· 1̇ 6 5 | 3 5 | 5· 6 5 6 | 1̇ 6 | 5 5 0 ‖
篙 篙 篙 儿 来 来 呀 篙, 呀 篙 呀 篙 来 来 篙 篙

（由嘉兴市音协滕英盛提供）

呼 牛 调

1 = C
中速稍快

浙江嘉兴

廿 6 6 1̇ | 6 5 3 | 6 5 3 | 6 5 3 | 6 5 3 | 6 5 3 | 6 6 1̇ | 6 1̇ 5 1̇ |
阿 阿 呜！ 呜 哇， 呜 哇， 呜 哇， 呜 哇， 呜 哇， 阿 阿 呜！ 阿 呜 哦 呜，

6 1̇ 5 1̇ | 5 1̇ 5 1̇ | 5 1̇ 5 1̇ | 6 1̇ 5 | 6 5· | 6 5· | 6 | 5· ‖
阿呜哦呜， 阿呜哦呜， 阿呜哦呜， 呜 哇， 呜 哇， 呜 哇， 呜 哇！

（朱德昌唱　滕英盛记）

放 牛 调

1 = D
中速

浙江义乌

2/4 6 1̇ 6 1̇ | 3/4 5 6 5 3 0 | 2/4 5 6 5 6 | 3/4 5 6 5 3 0 |
日 落 西 山 乌 青（啰）块， 牵牛牵牛 牵 转（啰）来。

2/4 6 6 1̇ 1̇ 1̇ | 3/4 5 6 5 3 0 | 2/4 6 6 1̇ 6 6 | 5 6 5 6 |
大人牵转来 食 夜（啰）饭， 小人牵转来 洗 脚 垫 牛

5 3 0 | ⁵6 5 | ⁵6 5 | 3 5 5 3 | 2 - ‖
（啰） 栏。 （哩 啰 哩 啰 儿 哩 哩 啦 啰）！

（马小妹唱　浙江省音工组记）

介 果[①]

1=D 3/4　　　　　　　　　　　　　　　　　浙江东阳

中速

| 6 5 6 5 | 5 6 3 5 | 5 6 3 5 |
| 介 果 介 果， | 同 年 笑 我， | 阿 爸 辱[②] 我， |

| 5 6 6 5 | 5 5̲6̲ 6 5 3 5 | 3 6 5· |
| 姆 妈 打 我， | 阿 哥 买 个 麻 酥 | 喽 喽[③] 我。 |

①介果：即覆盆子，山上的野果。
②辱：骂。
③喽喽：哄哄。

（马小妹唱　吴露生、吴振民、卢示梁记）

分 铜 钱

1=D　　　　　　　　　　　　　　　　　浙江东阳

| 3/4 6 6 5 5̲6̲ | 2/4 5 5 6 6 | 5 3 5 | 3/4 5 6 5 6 7 7 | 2/4 6 5̲6̲ 7 |
| 八 月 初 四， | 太 祖 嬷 嬷 | 分 铜 钱， | 铜 钱 分 给 姐 姐 | 买 花 线。 |

| 3/4 5 6 5̲6̲5̲6̲ #4 5 | 3 6 #5 5 6 | #5 6 5 6 5̲6̲ | #5 6 5 6 5̲6̲ |
| 花 线 滑 滑 断， | 拿 来 吊 蜻 蜓， | 蜻 蜓 飞 到 东， | 蜻 蜓 飞 到 西， |

| 2/4 #5 6 5 6 | 3 6 6 | #5 6̲5̲ 6 3̲5̲ 6 | 6 #5 6 | #5 6 5 6 | 3 3 #5 6 |
| 蜻 蜓 飞 到 | 荷 叶 塘， | 摘 张 荷 叶 垫 门 堂， | 蜻 蜓 飞 到 | 黄 沙 塘，[①] |

| #5 6 3 5̲6̲ | 6 #5 5̲6̲ | #5 6 5 6 | 3 3 #5 6 | #5 6 3 5̲6̲ | #5 5 6 |
| 挖 把 黄 沙 撒 姑 娘， | 蜻 蜓 飞 到 牛 屙 塘，[②] | 抓 把 牛 屙 当 砂 糖。 |

①黄沙塘：指池塘内均为黄沙。
②牛屙塘：牛屎坑。

附 录

数星星

1 = D 浙江东阳

中速

2/4 5 6 5 | 6 3 5 $\overset{6}{7}$ | 3 6 5 | 5 3 $\overset{5}{6}$ | 3 6 3 6 | 6 6 3 5 |
一粒星，一盏灯，二粒星，挂油瓶，油瓶漏，好炒豆；

3 6 5 6 | 3 3 6 | 3/4 3 6 3 3 5 $\overset{6}{7}$ | $\overset{3}{5}$ 5 5 3 5 | 3 5 6 3 5 | 2/4 6 6 $\overset{3}{5}$ |
豆炒焦，碾胡椒；胡椒碾勿细，拿来种荸荠；荸荠勿 甜，买丘田；

$\overset{3}{5}$ 6 6 | $\overset{3}{5}$ $\overset{5}{6}$ 6 | $\overset{5}{6}$ 6 | 6 6 6 | 6 6 $\overset{5}{6}$ |
田勿种，买根铳，铳勿响；买支香，香勿晦；

6 6 3 5 | 6 6 3 5 | 3 6 $\overset{3}{5}$ | 3 6 3 3 5 | 6 3 $\overset{5}{6}$ ‖
买个妹，妹勿会；掼到塘，掼到塘里去 饲鲇鲐。

火萤虫

1 = C 2/4 浙江东阳

中速

6 6·5 | 3 6 $\overset{3}{5}$ | 5 $\overset{6}{6}$ 5 6 | 5 6 5 | 3 6 | 3 5 | 3 3 5 | 3 5 |
火萤虫，夜夜红，飞到东，飞到西。高高低低，爬下来 嬉嬉。

6 6 6 6 | 6 6 6 6 $\overset{3}{5}$ | 6 6 6 6 6 5 | 3 6 5 ‖
勿要你的银，勿要你的金，只要你的屁股 亮晶晶。

斗鸡鸡

1 = C 2/4 浙江东阳

中速

5 6 3 5 5 $\overset{3}{7}$ | 6 $\overset{5}{3}$ 5 | 3 6 $\overset{6}{5}$ 3 | $\overset{3}{5}$ $\overset{5}{6}$ 5 0 |
斗鸡 鸡喂，鸡鸡啼；斗虫虫喂 虫虫飞，

| 6 5 3　3 5 | 6 5̇ 3　5 0 | 1̇ 　1̇ | 1̇ - ‖
斗 只 蝴 蝶　飞 过 溪。　　嘟, 嘟, 嘟!

注:《分铜钱》《数星星》《火萤虫》《斗鸡鸡》均引自曾婉、爱群、锦华主编《中国民间儿童歌曲集》，人民音乐出版社1996年版。

呼牛调

1=♭B

浙江乐清

中速

廿 2̇ 2̇ 2̇ 3 - 2 3·2 3 2 3232 3232 32·2 - 1̇ 6 0 ‖
牛 儿（嗨咩 哦咩哦咩哦咩哦咩哦咩哦咩哦），

5 5 6 1̇ 2̇ 1̇ 2̇ 6 0 | 6 2̇ 2̇ | 1̇ 6· 5 - ‖
牛 儿 想 奶 吃，　牛 娘 望 归（哎）窠（哦）。

（钱济唱　马骧记）

叮叮当

1=C

浙江温州

中速

2/4 6 1̇ 2̇ 2̇ | 1̇ 6 6 | 6 1̇·2̇ | 1̇ 6 6 | 6 2̇ 1̇ 2̇ | 1̇ 6 6 |
（叮叮当啰 来 叮叮当　啰　来), 山脚门外（啰 来

5 5 5 6 | 1̇ 6 1̇ 6 | 6 6 6 6 | 6 6 2̇ | 1̇ 6 6 |
啰啰啰 来), 孤老堂①　松台山②上　仙人井③（啰 来),

6 2̇ 1̇ 2̇ | 1̇ 6 5 | 5̇ 6 | 5 3 ‖
妙 果 寺④ 里　猪 头 钟。⑤（呵 咋）!

①孤老堂、②松台山、③仙人井、④妙果寺、⑤猪头钟:均系温州城内的风景名胜。

（李和平唱　鲁剑光记）

呼 牛 调

浙江建德

1=A
慢速

嗬 嗬 嗬， 嗬 嗬 嗬， 嗬 嗬！

（佚名唱　洛地记）

呼 牛 调

浙江余杭

1=♭A 2/4
中速

阿哦来，阿哦来，　哦啰来，哦啰来，　阿哦来，阿哦来，　哦啰来，哦啰来，

阿哦 阿哦 哦来，哦来， 哦来，哦来， 阿哦 来！

（杨玲唱　何慧娟记）

顺 采 茶 *

（茶灯调）

浙江建德

1=G 3/4
中速

三月里 来 茶 爆 芽 （呀），姐妹双 双 去 采 茶 （呀），

乐谱：

1 6̇ | 3·2 ²₃3 | ³₃5 32 1·6̣ 1 | 1 3 2·1 6̣ | 1 2 3 6̣·5̣ 6̣ ‖
姐采多 来 妹采少（呀），不论多 少 转回 家（呀）。

（马小妹唱　洛地、詹轲媛、陈献玉记）

*《顺采茶》为《采茶灯》中主要的一首曲子。《采茶灯》由12个女孩执花篮载歌载舞，有些版本另有一两个小男孩扮小丑插科打诨。顺采茶，是从一月至十二月顺着唱的意思。

呼 蜻 蜓

1=C 2/4　　　　　　　　　　　　　　　　　　　　浙江泰顺
中速稍快

3 5 3 | 3 5 3 | 1 1 1 1 | ¹₃3 — | 3 3 5 | 3 3 ¹₃3 ‖
呢敖伏①，呢敖伏，墙头衔粒 肉， 你吃骨， 我吃肉。

①呢敖伏：意思是"蜻蜓啊，请你歇下来"。

唤 蚂 蚁

1=C 2/4　　　　　　　　　　　　　　　　　　　　浙江泰顺
中速

3 1 | 3 1 | 1 1 5 5 | 3 1 | 3 5 | 1 1 5 5 | 3 1 ‖
蚁哥，蚁哥，外婆喊你 吃肉、吃酒，抬大 轿啰。蚁哥。

唤 蚁 歌

1=C 2/4　　　　　　　　　　　　　　　　　　　　浙江泰顺
中速

5 5 ¹₃5 | 5 5 3 | 1 1 5 5 | 5 5 3 | 5 1 3 | 1 ¹₃3 3 5 | 5 1 3 ‖
蚁蚁公，蚁蚁婆，蜻蜓苍蝇 唤你驮，你不驮，别人驮去 你就没。

注：《呼蜻蜓》《唤蚂蚁》《唤蚁歌》均引自曾婉、爱群、锦华主编《中国民间儿童歌曲集》，人民音乐出版社1996年版。

朗朗朗朗马来了

浙江宁波

1=F 2/4

5 6 5 3 | 2 3 2 1 | 1 2 1 6 | 5 - | 5 6 5 3 | 2 3 2 1 | 1 2 1 6 |
朗 朗 朗 朗 马 来 了， 朗 朗 朗 朗 马 来

5 - | 1 1 6 1 | 2 3 5 | 2 3 2 1 | 2 - |
了， 我 的 马 儿 不 吃 草。

5 6 5 3 | 2 3 2 1 | 1 2 1 6 | 5 - | 5 6 5 3 | 2 3 2 1 | 1 2 1 6 |
朗 朗 朗 朗 马 来 了， 朗 朗 朗 朗 马 来

5 - | 6 6 5 5 | 3 2 3 | 1· 2 3 | 1 - ‖
了， （我）骑 着 马 儿 四 方 跑。

注：此曲引自晓其主编《周大风音乐教育文集》，四川教育出版社1999年版。

介呣出门

浙江宁海

1=♭B

3/4 2 2 2 2· 2 2· | 2/4 3 3 3 2 | 3 3 3 2 | 2 1 6 |
1.介 呣 出门 出门　　算我（啦）高？算我（啦）高？（唆　来），
2.老 鹰 出门 出门　　算我（啦）高？算我（啦）高？（唆　来），
3.介 呣 团圞② 团圞　　一个（啦）顶 一个（啦）顶？（唆　来），
4.笠 帽 团圞 团圞　　一个（啦）顶 一个（啦）顶？（唆　来），

3/4 6 2 2 1 2· 1 2· | 2/4 1 6 5 | 6 1 2 | 2 3 2 1 |
　介 呣 出门 出门　　（啰　来，啊哩来）带 飞 刀？
　鹞 混① 出门 出门　　（啰　来，啊哩来）带 飞 刀。
　介 呣 团圞 团圞　　（啰　来，啊哩来）一 圈 唇？
　铜 锣 团圞 团圞　　（啰　来，啊哩来）一 圈 唇。

①鹞混：鹞鹰。
②团圞：圆圆的。

$\frac{3}{4}$ $\underline{\dot1\ \dot1}$ $\underline{\dot1\ \dot1·}$ $\underline{\dot1\ \dot1·}$ | $\frac{2}{4}$ $\underline{\overset{6}{\dot1}\ \dot1}$ $\underline{\dot1\ \dot2}$ $\dot2$ | $\dot2\ \dot1\ 6$ |

介唔 出门 出门　　梅 花 阵（啊？唆 来），
麻雀 出门 出门　　梅 花 阵（啊？唆 来），
介唔 团圞 团圞　　四 方 眼（啊？唆 来），
米筛 团圞 团圞　　四 方 眼（啊？唆 来），

$\frac{3}{4}$ $\underline{6\ 6}$ $\underline{6\ 6·}$ | $\underline{6\ 6·}$ | $\frac{2}{4}$ $\underline{6\ 6}$ $\underline{6\ \dot2}$ | $\dot1\ 0$ ‖

介唔 出门 出门　　身 穿 紫 龙 袍？
山鸡 出门 出门　　身 穿 紫 龙 袍。
介唔 团圞 团圞　　有 嘴 呒 告① 臀？
水壶 团圞 团圞　　有 嘴 呒 告 臀。

（李小君唱　冯元千、吴元明记）

①呒告：方言，没有。

癫头皮*

1=E $\frac{3}{4}$　　　　　　　　　　　浙江象山
中速

领　　　　和　领　　　和　　领
$\underline{\dot6\ 6}$ 5　0 | $\underline{\dot6\ 6}$ 3　0 | $\underline{\dot6\ 1}$ $\underline{3·\ 1}$ 2 | $\underline{\dot6\ 1}$ $\underline{1·\ 5}$ 6 |

癫 头 皮（哎），钓 田 鸡（哦）。田鸡 钓一只，铜板 卖一百。

　　　　　　和　　　　　领　　　　　　和
1 $\underline{6\ 5}$ $\underline{6}$ | 1 $\underline{6\ 3}$ $\underline{6}$ | $\underline{1\ 1}$ $\underline{1\ 6}$ $\underline{6\ 1}$ | 1 $\underline{5\ 6}$ 0　0 ‖

爹 要 酒 喝，娘 要 粉 拓①，晦气② 我 癫头皮，着 急 煞③。

（仇伟伟唱　雷达记）

*癫头皮：对调皮小孩的谑称，并非指癫痢头。
①拓：擦。
②晦气：倒霉。
③着急煞：着急，没办法。

介娘打洞

浙江玉环

1=♭A
中速

$\frac{2}{4}$ 1 7 6 1 | 2̇ 1 | 0 0 | 6 1 6 1 | 2̇ 6 5 1 | 0 0 |

1.介娘①打洞　弯两弯？（喂↗来↘），介娘 打洞　直直落（嗬？喂↗来↘）。
2.老蛇 打洞　弯两弯，（喂↗来↘），蛏子②打洞　直直落（嗬，喂↗来↘）。

6 1 5 6 5 6 | $\frac{2}{4}$ 1 6 1 | 0 0 | 6 1 6 1 | 2̇ 6 5 6 | 0 0 ‖

介娘 打洞 门头　一堆 泥？（喂↗来↘），介 娘 打洞　穿过山（嗬？喂↗来↘）。
虎眼③打洞 门头　一堆 泥，（喂↗来↘），穿山甲打洞　穿过山（嗬？喂↗来↘）。

①介娘：什么。
②蛏子：一种蛤类，长形，肉可食用。
③虎眼：蚂蚁。

（阿石唱　李国亮、王善恒记）

介呣一足

浙江玉环

1=♭B
中速稍慢

$\frac{2}{4}$ 1 1 1 1 | 6 2̇ 1 | 1 2̇ 1 | 2̇ 1 0 | 6 2̇ 1 1 | 6 5 |

1.介呣一足　手里擎？　（啰来　唆来），　　介呣两足（来 嘿
2.雨伞一足　手里擎，　（啰来　唆来），　　雄鸡两足（来 嘿

5 5 6 5 6 5 | 6 2̇ 1 1 | 6 5 | 5 6 1 6 6 | 6 2̇ 1 | 2̇ 1 0 |

啰呼来）报天明？ 介呣三足（来 嘿）盘地坐（哎？　　啰来　唆来），
啰呼来）报天明。 香炉三足（来 嘿）盘地坐（哎，　　啰来　唆来），

6 2̇ 1 1 | 6 5 | 5 5 6 | 5 6 5 ‖

介呣四足　（来　嘿　　啰呼来）料门头？
黄狗四足　（来　嘿　　啰呼来）料门头。

（章琴姬唱　王善恒记）

老 实 头

浙江定海

1=B
中速稍快

(嗬 来)！小晚①(来 哕)！长长胖胖(是)啥东西(哕) 啥东西(哕，来)？扁扁圆圆(是)啥东西(哕) 啥东西(哕，来)？毛毛戮戮②(是)啥东西(哕) 啥东西(哕，来)？

(嗬 来)！小晚(来 哕)！长长胖胖(是)叫蛏子③(哕) 叫蛏子(哕，来)，扁扁圆圆(是)叫蛤皮④(哕) 叫蛤皮(哕，来)，圆圆胖胖 圆圆胖胖 叫蚶子⑤(哕，来)，毛毛戮戮(是)叫去脚⑥(哕) 叫去脚(哕，来)。

①小晚：小孩。
②毛毛戮戮：毛刺刺的样子。
③蛏子、④蛤皮、⑤蚶子、⑥去脚：均为海涂上的贝类。

(佚名唱　周大风记)

麻将不要搓

浙江定海

1=D

麻将麻将 不要搓，联防队员 要来抓，一抓抓到 派出所，
所长问你 搓不搓，若是今后 又在搓，电棍烫嘴 巴。

(虞慈琼唱　李成记)

雪花飘飘
（过年童谣）

浙江松阳

1=♭E 3/4

雪花飘飘 外婆炊糕，雪花浓浓 外婆煎糖，
雪花满大路 外婆做豆腐，雪花满大溪 外婆杀公鸡。

（潘福娣唱　杨建伟、李成记）

蚂蚁大哥

浙江遂昌

1=C 2/4

蚂蚁 蚂大哥，大哥背称锤， 小哥背面馍。

（孟景红唱　杨建伟、李成记）

寻 苦 珠

浙江永嘉

1=♭B

中速

苦珠①（啰啰）给粒哥哥。哥哥明朝 到城里，（哎）
天光②走转上③ 给粒还你 （啰呵咋）。

①苦珠：一种乔木的果实，比豌豆大些，秋熟落地，小孩捡食。味苦，可磨制苦珠豆腐。
②天光：早上。
③走转上：走回来。

（佚名唱　谷尚宝记）

137

对 鸟

浙江乐清

1=♭D
中速稍慢 较自由

介唉① 飞过青又 青（哎）？ 介唉 飞过打铜 铃（啊）？

介唉 飞过红夹 绿？ 介唉飞过抹把 胭脂（哎）搽嘴 唇（啊）？

青翠② 飞过 青又 青 （哎），

白鸽 飞过 打铜 铃（啊），天 雉 鸟③ 飞 过红夹绿（啊），

长尾巴丁④ 飞过 抹把 胭 脂（哎） 搽嘴 唇（啊）。

①介唉：介音gà，方言，即什么。
②青翠：翠鸟。
③天雉鸟：雉鸡。
④长尾巴丁：长尾鸟。

（温玲菊唱 朱一正、钱济记）

摇 儿 歌

浙江鄞州

1=A 2/4
慢速

搂搂 （来呀）， 搂搂（啊 来）， 囡囡

自要困熟（啊来）。搂搂（来呀），搂搂（啊来），因因自要困熟（啊来）。

（杨佳玲唱　卢竹音、赵万福记）

放牛调

1=G
中速

浙江象山

(嗬啰来 嗬啰来 嗬啰来 嗬啰来嗬)！看牛小鬼坐兵舰①（来），读书学生坐牢监（啰，嗬啰来 嗬啰来 嗬啰来 嗬啰 来啰）！

①看牛小鬼坐兵舰：看牛娃坐在牛背上，好像坐在兵舰上一样威风。
②读书学生坐牢监：读书的学生好比坐监狱。

（胡元元唱　雷达记）

一支扁担

1=D
中速

浙江安吉

一支扁担（来嗨）两头翘（来），中中间间（来嗨）土地庙（来），姑娘嫂嫂（来嗨）把香烧（来），

$\frac{3}{4}$ 3 3̂2 1 3̂2 1 | $\frac{4}{4}$ 2 1 6̣ 1̂ 6̣ 0 | 6̣ 1 6̣ 6̣ 1 6̣ |
铜 钱 花 脱（来 嗨） 木 佬 佬①（来）。 东 烧 烧， 西 烧 烧，

6̣ 1 6̣ 5̣ 1̂ 6̣ 3̣ | 2 — 2·1 6̣ 5̣ | 1 — — 0 ‖
铜 钱 花 脱（来 嗨） 木 佬 佬。

①木佬佬：很多的意思。

（佚名唱 柯国强记）

数 麻 雀

1=♭B $\frac{4}{4}$

中速稍快

苏南

3 5 1̇ 6 5 6̂3 5 | 2 2 5 3̂2 1 2̂3 1 |
一 只 麻 雀 一 个 头， 两 只 眼 睛 滴 溜 溜，

3 3 1̇ 6 5 6̂3 5 | 2 2 5 3̂2 6 2̇3 1̇ ‖
两 个 翅 膀 两 只 脚， 一 个 尾 巴 竖 斜 斜。

（佚名唱、记）

我要请一个人

1=C $\frac{4}{4}$

快速 ♩=108

上海市区

5 5 3 5 1̇ 6 5 | 6 1̇ 3 5 5 3̂2 1 ⫶‖
（甲）我 们 要 请 一 个 人， 我 们 要 请 一 个 人。
（乙）你 们 要 请 什 么 人？ 你 们 要 请 什 么 人？
（甲）我 们 要 请 ×× ×， 我 们 要 请 ×× ×。
（乙）什 么 人 来 同 他 去？ 什 么 人 来 同 他 去？
（甲）× × × 来 同 他 去， × × × 来 同 他 去。

（佚名唱 黄白记）

孙中山活转来

上海宝山

1=F 2/4
中速 ♩=94

| 3 3 2 | 6 1 2 | 3 3 2 | 6 1 2 |

1. 咪 咪 来 拉 多 来， 孙 中 山 活 转 来，
2. 咪 咪 来 拉 多 来， 孙 中 山 活 转 来，

| 3 3 2 1 | 6 1 2 | 3 3 2 1 | 6 1 2 ‖

东 洋 乌 龟 掼 炸 弹， 百 姓 死 脱 交 交 关。①
长 枪 长 矛 拿 出 来， 东 洋 乌 龟 吓 煞 哉。

①交交关：很多。

（佚名唱　管兴华记）

我的好宝宝

江苏昆山

1=♭E 2/4
慢速

| 5 1̇ 1̇ 6 1̇ 6 5 | ⁵3 — | 2 2 3 2 1 6 5 6 | 1 — |

（啊 呀 么）囡 囡 （啰）， 我 的（么）好 宝 宝，

| 5 6 1̇ 2 6 1̇ 6 5 | ⁵3 — | 2 2 3 2 1 6 5 6 | 1 — ‖

困 着（么） 一 会 儿 了， （嗯）。

（王宝玉唱　张仲樵记）

141

小妹妹觉觉来

1 = C 2/4　　　　　　　　　　　　　　　　江苏高淳
慢速

6 5 3 2 | 2 3 3 2 1 | 2 6 1 | 6 5 3 2 |
(噢 噢 来), 妹 妹(么)觉 觉 来 (哎, 噢 噢 来),

2 3 3 2 1 | 2 6 1 6 | 1 0 ‖
小 妹 妹 觉 觉 (噢 噢)觉 觉 来。

(吕海妹唱　李存杰、刘明义、孙克秀、肖翰芝记)

小囡囡要觉觉

1 = C　　　　　　　　　　　　　　　　江苏昆山
中速

2/4 5 1 1 6 5 | 3/4 6· 3 5 6 | 2/4 6 5 5 3 2 | 3 - | 3 5 3 2 |
(吭 吭 唠)小囡要 觉 觉 (唠, 吭 吭

3/4 3· 2 3 3 | 2/4 3 2 1 6 | 1 - | 2 3 2 1 | 6 - ‖
唠)小囡要 觉 觉 (唠 吭 吭 唠)。

(赵雪琴唱　江小麟、刘明义记)

小人小山歌*

1 = G 2/4　　　　　　　　　　　　　　　　江苏昆山
中速

1　2 | 3 3　2 | 1　2 | 3 3　2 |
1.小 人 小 山 歌, 大 人 大 山 歌,
2.燕 子 衔 泥(末)丢 过 海 (呀),

| 1 1 3 | 2 1 | 6̣ ⌒6̣ | 5̣ — ‖

蚌　壳　里　　摇　船　　出　　太　　　湖。
鳑　鲏①　　跳　过　　洞　　庭　　　山。

*此歌于1924年10月19日由顾颉刚在《歌谣周刊》上刊行。
①鳑鲏：鱼，生活在淡水中，卵产在蚌壳里。

（佚名唱　丁世玉记）

摇摇宝宝要睡觉
（摇儿歌）

江苏溧阳

1 = D 2/4
慢速

| 6 1 6 5 5̲3 | 6 1 6 5 5̲3 | 5 6 1 2 5 6 1 2 | 6 1 6 5 5̲3 | 5· 3 |

不要 吵， 不要 闹， 摇摇 宝宝　要 睡 觉，（哟），

| 2 3 5 3 2 1 | 1̲6̣ — | 6 1 6 5 5̲3 | 6 1 6 5 5̲3 |

我 的 小 宝 宝，　　睡 着 了，　　睡 醒 了，

| 5 6 1 2 6 1 6 5 | 5̲3 — | 3̲5· 3 | 2 3 5 3 2 1 | 1̲6̣ — ‖

吃 奶 去 困 觉，　　（哟），　 我 的 小 宝 宝。

（施中春唱　晓雨记）

一根扁担

浙江瑞安

1 = ♭D 2/4
中速稍快

| 6 2 1 2 | 1 6 2 1 | 0 5 6 | 1 0 | 2̇ 6 1 6 2 | 2̇ 1 6 5 | 6 — |

一根 扁担　射过 窗，（喂　　喏 哉），　　老大 叫我 吃 金瓜①（哦）。

| 1̲̇2 6 1 1 | 5 6 1 1 | X 0 | 6 2 1 2 | 2̲1̲6 5 5 | 1 6 2 1 | 0 ‖

你问 金瓜 好勿 好（啊， 喂），　掰开 里面　黄霜 霜（啊。啊哩 山 咋）！

①金瓜：南瓜。

（阿顺唱　庄春旭记）

对 黄 蟹

上海嘉定

1=D
中速

2/4 3 3̂ 5 6 6̂· | 6 1̂ 1 6 5 | 6 6̂ 5 3 6· | 5 5̂ 3 3 2· |

1. 我 唱 山 歌 来 问 告， 一只 黄 蟹 几只 螯？
2. 我 唱 山 歌 对还你 告， 一只 黄 蟹 二只 螯，

3 3̂ 5 6 6 | 6 6̂ 5 6 | 3/4 3̂ 6 6̂ 5 3 5 6̂ | 2/4 5 5̂ 3 2 2 ‖

几个 头 颈 几个 田？ 几只 小 脚 弯 弯 往 前 跑？
一个 头 颈 一个 田， 八只 小 脚 弯 弯 往 前 跑。

我伲囡囡要困

江苏无锡

1=E 2/4
慢速

5 6 1̂ 1 | 2̇ 2̇ 1̂ | 6 1̂ 6 5̂ | 3 — | 5· 0 |

(吭 吭) 我伲① 囡 囡要 困 困 (啰 噢，

2 3 2 1 | 6̣ 1 5̣ 6 | 1 — | 2̂ 1 0 0 | 5̣ 6 1 2 |

吭吭吭吭 吭吭吭吭 哎 哎， 吭吭)我伲

3 5 6̂ 1 | 6̂· 5̂ | 3 — | 5· 0 |

囡 囡 要 困 (啰 噢，

2 3 2 1 | 6̣ 5̣ 6 | 1 — | 2̂ 1 0 0 ‖

吭吭吭吭 吭吭吭 哎 哎)。

①我伲：方言，我们。

(佚名唱 安纪仁记)

拍 娃 娃

1=D 6/8　　　　　　　　　　　　　　　　　　　　　　上海松江

稍慢

宝宝（咾），弟弟（咾），好宝宝你勿要吵。姆妈爹爹都到田里生产忙，好弟弟，好宝宝，好弟弟有志气。拍拍噢，噢噢拍拍，姐姐拍侬睡觉，噢噢（咾）宝宝（噢），噢噢（咾）宝宝（咾）。

采 菱 调

1=G 2/4　　　　　　　　　　　　　　　　　　　　　　江苏溧阳

中速稍快

菱塘菱，天气晴，驾只小船去采菱，菱叶浮在水面上，菱叶底下采红菱，采红菱，笑盈盈，一划一划向前行。

紫竹箫

上海市区

1=C 2/4
中速 ♩=80

5· 6 1 | 6 5 3 | 3 5 3 2 | 1· 0 | 6 1 3 5 | 6 65 3 |
一 根 紫 竹 直 苗 苗， 送 给 宝 宝 做 管

5· 0 | 1 6 3 6 | 5· 0 | 6 5 3 6 | 5· 0 | 5· 6 1 2 |
箫， 箫 儿 对 了 口， 口 儿 对 了 箫， 箫 中

6 5 53 | 5 2 3 2 | 1· 0 | 1 1 3 | 2· 0 | 6· 1 6 1 | 2 6 | 5· 0 |
吹 出 时 新 调， 小 宝 宝 呀 的 呀 的 学 会 了，

1 1 3 | 2· 0 | 6· 1 6 1 | 2 6 | 5 6 1 2 6 | 5 - ‖
小 宝 宝 呀 的 呀 的 学 会 了。

(选自《国乐新谱》)

十数麻雀

浙江金华

1=A
中速

2/4 6 1 6 1 | 1 3 2 | 6 1 6 1 | 1 3 2 | 3 5 3 5 | 3 2 1 2 | 6 1 6 1 |
一 位 大 姐 来 捣 米， 一 只 麻 雀 来 打 飞， 一 飞 飞 到 捣 臼 里， 头 朝 东 来

2 3 1 2 | 2 3 2 3 | 3 2 1 2 | 2· 2 3 | 3 2 1 2 | 3/4 2· 3 2 3 0 5 |
尾 朝 西， 身 穿 一 件 花 麻 衣， 两 只 翅 膀 两 条 腿， 两 只 眼 睛 和

2/4 3 5 6 3 | 5 - | 3 6 6 5 6 5 3 | 2· 1 | 6 1 6 1 | 2 3 2 1 |
一 张 嘴。 (花 得 儿 花 儿 开， 一 朵 一 朵 梅 花

6 2 3 1 6	5 6 5	6 1 3 5	6 1 3 5	3/4 2· 3 2 3 0 5	2/4 3 5 6 3

桃花　开来　鲜花红，一朵莲花，一朵梅花，三朵金簪　是　腊梅

| 5· 6 5 | 1 1 2 1 5 | 6 — | 6 2 1 5 | 6· 2 1 5 | 6 — ‖
|---|

花，　　花得儿花儿开，　　一朵腊梅　花哎哎嗨　哟。)

（范春琴唱　薛天申记）

街街亮，月月亮

1=D 2/4

慢速 ♩=60

上海南汇

6 6 5	3 3 5	3 5 6 5	5 6 5	3 3 5

街街亮，月月亮，夜头① 出来　白相相②

| 3 5 6 | 5 5 6 | 3 5 6 5 | 3 5 | 6 6 3 ‖
|---|

拾只钉，打把枪，老鸦③ 掼啦　枪头浪。④

①夜头：晚上。
②白相相：玩耍。
③老鸦：乌鸦。
④浪：上的意思。

（金弟、正华唱　谈敬德采录、记谱）

介呢有翼

（抛歌）

1=G

中速

浙江温州

2/4 2 2 2 2	3/4 3 1 1 2·	2/4 2 1 6	2 2 5 2 3

1.介呢有翼　没本①飞（啊？　　沙　来），　介呢没翼
2.蓑衣有翼　没本飞（啊？　　沙　来），　爆焰②没翼

147

(来啰 啰啰啰来)飞来天(啊)?介呢有嘴没本叫(啊)?
(来啰 啰啰啰来)飞来天(啊),茶壶有嘴没本叫(啊),

介泥没嘴(啰啰啰来)叫最高(啊)?
铜锣没嘴(啰啰啰来)叫最高(啊。哎咋嗬咋)!

结束句

①没本:不会。
②爆焰:爆竹。

(辛阿田唱 浙江省音工组记)

放牛调

1=A

浙江象山

中速

太阳岗岗(来),田螺拜堂(啰);太阳落山(来),田螺摆摊(啰)。(白)啾!

(仇伟伟唱 雷达记)

对面山上

1=G

浙江金华

中速稍快

对面山上(么)小乌(哦)龟(哦),爬过赛山(哦)歌。赛也赛勿过,

拖着来割(哦)血(啦。嗨嗬,哈嗬)!

(方跃生唱 方康明记)

148

手拿钥匙开铜箱

1=♭A 2/4　　　　　　　　　　　　　　　　　　　　　江苏江阴

中速

6 5 6 6 | 5 6 5 6 | 6 5 6 6 | 6 5 3 | 3 5 6 |
你勿开场我开　场，手拿钥匙　开铜箱，铜箱开

5 1 6 5 | 6 5 3 5 | 6 3 3 | 3 5 6 5 | 3 5 6 5 3 ‖
拖出一百两挺　机关枪，去到山上　打老　狼。

（佚名唱　徐新记）

两只金鸡

（牛娃山歌）

1=C　　　　　　　　　　　　　　　　　　　　　浙江金华

中速稍快

2/4 １ 3 3 3 ２ | 3/4 １ 3 ２ １ 6 | 2/4 6 ２ １ ２ |
日头上山（么）　红胖（哦）胖（哦），两只金鸡

3/4 ２ 6 １ 6 5 | 2/4 5· 6 5 6 | １ １ ２ １ |
跳过（哦）　坑，两只猫儿　争老鼠（哎），

6 5 6 １ ２ | 3/4 3 ２ 6 １ 6 5 5 | 2/4 １ 6 0 | １ １ 6 ‖
姐妹两个（么）　争第（哦）一（哪。嗨嗬，哈嗬）！

（方跃生唱　方康明、曹斐增记）

青竹仔

（牛娃山歌）

1=♭B 2/4　　　　　　　　　　　　　　　　　　　　浙江金华

中速稍快

２ 3 ２ ２ ２ | １ 3 ２ | ２ 3 ２ 3 | ２ １ 6 | 5 0 |
青竹仔（来格）枯竹仔，爷娘生我　站年（啰）坏。

149

蓑衣笠帽牛栏顶，拿着牛绳哭哀（啰）哀。

（金景炳唱　朱驹记）

东方发白
（牛娃山歌）

浙江金华

1=G 2/4
中速稍快

东方发白（么）天刚（哦）亮（哎），清早起来精神（哦）爽（哦），

将牛放在东山上，养得牛儿肥又（哦）胖（啊。嗨嚟，哈嚟）！

（方跃生唱　方康明、曹斐增记）

对口山歌

浙江安吉

1=♭B 2/4 3/4 4/4
中速

(甲)什么走路（来嗨）不见（来）天（啰）？什么走路（来嗨）
(乙)犁头走路（来嗨）不见（来）天（啰）？砌耳①走路（来嗨）
(甲)什么上山（来嗨）哼一（来）哼（啰）？什么下山（来嗨）
(乙)老汉上山（来嗨）哼一（来）哼（啰）？草鞋下山（来嗨）

走半　边（啰）？什么走路（来嗨）弓　着腰（来）
走半　边（啰）？犁碗走路（来嗨）弓　着腰（来）
四条　筋（啰）？什么吃草（来嗨）哗　着响（来）
四条　筋（锣）？镰刀吃草（来嗨）哗　着响（来）

什么走路（来嗨）三尺（嗨）高（嗳）？金对子，银对子，对得出来
犁梢走路（来嗨）三尺（嗨）高（嗳）？金对子，银对子，肚里山歌
什么吃草（来嗨）不留（嗨）根（嗳）？金对子，银对子，对得出来
锄头削草（来嗨）不留（嗨）根（嗳）？金对子，银对子，肚里山歌

算对子，对不出来呃（呀）本事，快来快来快快来！
交关多，你出我对对（呀）得过，快来快来快快来！
算对子，对不出来呃（呀）本事，快来快来快快来！
交关多，你出我对对（呀）得过，快来快来快快来！

①砌耳：犁面。

（安吉县文化馆提供）

清明时节雨纷纷

（吟诗调）

江苏丹徒

1=G 3/4
中速稍慢

清明时节雨纷纷，路上行人欲断魂。
借问酒家何处有，牧童遥指杏花村。

（张吉基唱　仲竹记）

对麻雀调

上海嘉定

1=G
中速 ♩=84

1.一只麻雀一个头，二只翅膀跃跃游，二只小脚

$\frac{3}{4}$ 6 5 6 1 6 5 | $\frac{2}{4}$ 6 1 6 1 | 3 2 1 | 1 2 2 1 | $\frac{3}{4}$ 6 5 1 6 5 |
往 前 跑， 二只 眼睛 乌溜溜，一个 尾巴 翘 了 翘。

$\frac{2}{4}$ 3 5 5 6 | 3 2 1 | 2 1 2 1 | $\frac{3}{4}$ 6 5 1 6 5 | $\frac{2}{4}$ 1 6 1 6 |
2.二只 麻雀 二个 头， 四只 翅膀 跃 跃 游， 四只 小脚

1 3 2 1 | 2 1 1 2 | 3 2 1 6 | 1 2 2 1 | $\frac{3}{4}$ 6 5 1 6 5 ‖
往 前 跑， 四只 眼睛 乌溜溜， 二个 尾巴 翘 了 翘。

（陈玉英唱　杨富英记）

月光光

1 = A $\frac{2}{4}$

浙江温州

中速稍慢

6 2 2 · 3 | 1 6 6 | 6 2 1 2 | 1 6 6 | 3 2 3 2 6 | 5 5 5 6 1 |
月光光， 光亮亮，勿卖囡儿 到南洋。娘（啊）娘， 南洋隔江

3 2 1 6 | 5 5 5 6 1 | 1 2 · 3 | 1 6 6 6 | 6 0 ‖
又隔水， 看不着爹爹 （哟） 看不着娘。

（张成德唱　黄咏记）

摇到外婆桥

1 = A

上海嘉定

中速 ♩ = 88

$\frac{2}{4}$ 1 1 · 6 | $\frac{3}{4}$ 1 1 6 1 · 6 0 | 1 6 5 6 1 5 6 | 3 1 5 6 5 3 |
摇摇摇， 摇到外婆桥， 外婆留吃饭，舅妈就烧 茶，

娘舅上山采枇杷，枇杷园里一朵花。

（张淑民唱　陈正福记）

摇到外婆桥

上海崇明

1 = D
中速 ♩ = 88

摇摇摇，摇摇摇，摇到外婆桥，
外婆出来领宝宝，宝宝叫声（末）外婆好。

（周平唱　周定一采录　王霖记）

月亮亮，天亮亮

上海松江

1 = F
快速 ♩ = 102

月亮亮，天亮亮，家家小姐白相相①拾着一杆枪，戳煞观音
呒肚肠，老鸦衔去做道场，道场做来能好看②家家人家
全来看，只有隔壁老太婆不来看。

①白相相：玩、游戏。
②能好看：这么好看。

（沈品娥唱　王子展、徐一华、张望、金玲妹采录　徐一华记）

阿西圆圆

（对山歌）

浙江仙居

1=♭B 2/4
中速

1. 阿西①圆圆 挂（啊）在 天（来 啰）？ 阿西圆圆 水（呀）上
2. 月亮圆圆 挂（哎）在 天（来 啰），荷叶圆圆 水（呀）上

眠？ 阿西圆圆 大街（啊）卖（来 啰）？ 阿西圆圆
眠，烧饼圆圆 大街（啊）卖（来 啰），手指圆圆

肉 相 连（来？啰啊啰 连 来 嗨啊嗨 嗨）。
肉 相 连（米。啰啊啰 连 来 嗨啊嗨 嗨）。

①阿西：什么。

（何中树唱　徐中利、王河川记）

骑马嘟嘟*

上海南汇

1=D
中速 ♩=84

3/4 骑马嘟 嘟，跑到松 江，松江老虎 叫，别转①马头

朝北跑。跑到东爿爿②，年见一只 缸，缸里有只 碗，

2/4 碗里有个 小和 尚，（呢哩呀啦）要吃绿豆 汤。

*此为儿童游戏歌曲。
①别转：掉回头。
②东爿爿：东面。

（金弟、丹平唱　谈敬德采录、记谱）

154

骑 龙 头*

上海南汇

1=B
慢速 ♩=60

2/4 6 6 6 5 | 3 5 5 3 | 3 3 3 5 | 5 5 5 |
嘟 嘟 嘟 嘟 马 来 哉， 节 各① 节 各 牛 来 哉，

6 6 5 6 5 | 3 5 6 3 0 | 3/4 6 6 5 3 5 2/3 | 3 5 3 5 2/3 ‖
今 朝 烧 点 啥 小 菜？ 茭 白 炒 虾 田 鸡 打 蛋。

*儿童骑在大人的头颈上称作骑龙头，是儿童骑在大人颈上一边手舞足蹈一边唱歌。
①节各：为象声词，此处指牛蹄声。

（康凯唱 谈敬德记）

石 榴 花*

浙江黄岩

1=F
中速

2/4 1 5 6 6 | 1 5 6 | 1 6 1 6 5 | 6 - | 3 6 5 5 | 3 6 5 |
石 榴 花 开 红 似 火 红 似 火， 芍 药 花 开 赛 牡 丹

0 5 2 | 3 - | 3 2 3 5 | 1 2 3 | 5 0 1 | 1 2 1 5 | 6 - |
（哎）， 菖 蒲 花 开 寻 不 见，

3 6 5 | 3/4 3 5 1 6 0 | 3 5 1 6 0 | 3 5 1 6 | 3 5 1 6 | 5 2 3 - ‖
满 园 中 百 花 开 放， 喜 笑 颜 开， 百 花 开 放，喜 笑 颜 开（哎）。

*此曲在"台州乱弹"中也用。

（章琴姬唱 金中记）

呼 牛 调*

1=G　　　　　　　　　　　　　　　　　　　　　　　浙江嵊州

快速

廿 5 3 5 - - ｜ 3 2 6 2 1 6 1 2 3 5 3 - ｜ 2 1 6 1 5 6 1 6 2 - ｜

啊哦来！　来来来　来，嘿来来！　来　来　来来！

2 3 2 1 2 1 6 1 - - 6 ｜ 5 6 1 · 2 3 5 3 - - ｜ 2 1 6 1 2 1 6 ｜

来　　　来　嘿！哦嗬嗬　啰嗬，　　啰　啰

1 · 2 3 5 3 - - ｜ 2 1 6 1 5 6 1 6 1 2 · 2 - ｜ 2 3 2 1 2 1 6 1 - - 6 5 ‖

啰嗬啰啰，　啰　啰　啰　啰，　　啰　啰 咿哦啰 嗬！

*牧童清晨外出放牧，常常信口唱着调子以呼唤小伙伴，其他牧童一边呼应一边牵着牛聚拢来。

（郑良耀唱　余乐记）

摇 儿 歌

1=♭B 6/8　　　　　　　　　　　　　　　　　　　浙江萧山

中速稍快

0 3 5 7 · ｜ 6 6 5 6 · ｜ 5 6 1 6 1 · ｜ 1 2 1 2 2 1 6 ｜ 1 1 5 6 · ‖

囡　囡（啰），宝　宝　（啰），心肝肉（啰），囡囡宝宝要　困哉　（啰）

（周小毛唱　陈辰记）

逗儿歌

浙江萧山

1=♭E
中速

骑马（郎　郎），骑马（郎　郎），骑马到松　江。
松江买本书，放在床头　嘟①。日也读
夜也读，歇两日②做个　状元　郎。

*大人架起腿，把小孩放在膝盖上，边唱边有节奏的抖动。
①床头嘟：床头上。
②歇两日：过两天。这里引申为"等将来"。

（阮未青唱　陈晨记）

介呣尖尖

浙江宁海

1=♭B
中速

1. 侬对句（呀），我接（呀）腔　我接（呀）腔，（唆　来），
2. 介呣　尖尖尖尖　在山（啦）头　在山（啦）头？（唆　来），
3. 茅草　尖尖尖尖　在山（啦）头　在山（啦）头，（唆　来），

侬　掼啦铜钿（啰来，啦咿来）我掼　腔。侬掼铜钿
介呣呀尖尖（啰来，啦咿来）水中　游？介呣尖尖
螺蛳呀尖尖（啰来，啦咿来）水中　游。红朱笔尖尖

157

| 1 1 1 6ⁱ | 2̇ 1̇ 6 | 6 6 6 6 | 1̇ 6 6 2̇ | 1̇ ||

圆 圆 转（呀， 唆 来）， 我 掼 歌 腔 隔 山 响。
书 箱 里（呀？ 唆 来）， 介 呣 尖 尖 板 壁 头？
书 箱 里（呀， 唆 来）， 钉 子 尖 尖 板 壁 头。

（王继夫唱　赵万福记）

呼牛喝水

1 = C 2/4　　　　　　　　　　　　　　　浙江平阳

中速

（嗬） 水 （哎） 水 吃 平 筋， 肿 腩 腩 ①

赶 归 去， 屋 主 人 ② 看 见 才 快 活。

①吃平筋，肿腩腩：水喝得饱，筋骨生劲，滚壮多肉。
②屋主人：牛的主人。

（施阿生唱　张典鹤记）

卖糖麻花
（叫卖调）

1 = G　　　　　　　　　　　　　　　江苏镇江

中速

糖 麻 花， 糖 麻 花， 两 分 一 只（来）

糖 麻 花， 糖 麻 花， 糖 麻 花， 糖 麻 花，

$\frac{2}{4}$ 3 2 2 1 | $\frac{3}{4}$ 6 6 6 1 - | 5 6 5 - ‖

两分一只　糖麻花（来），　糖麻花。

（颜永圣唱　周根炉记）

介呣搭藤

浙江玉环

1=♭B

中速稍慢

介呣搭藤 搭过 坑？介呣搭藤 节节 生？
蕃茄搭藤 搭过 坑，花生搭藤 节节 生。
介呣做窠 做得 高？介呣做窠 做得 牢？
老鹰做窠 做得 高，喜鹊做窠 做得 牢，

介呣搭藤 水上 飘？介呣搭藤 半天 袅？
河菱搭藤 水上 飘，天萝丝搭藤 半天 袅。
介呣做窠 做半 边？介呣做窠 颠倒 颠？
燕子做窠 做半 边，黄蜂做窠 颠倒 颠。

（哎 哪小 来），旁面 小弟 解过 来。
（哎 哪小 来），旁面 小弟 解过 来。
（哎 哪小 来），旁面 小弟 解过 来。
（哎 哪小 来），旁面 小弟 解过 来。

①天萝丝：丝瓜。

（楚门农民唱　王善恒记）

宝宝困

1=F 4/4　　　　　　　　　　　　　　　　　江苏常州

慢速

(呣), 我家宝宝要困 (哩啊 呣, 哦 哦, 哦 哦哦大呀), 我家宝宝要困 (哩呀, 哦 大 哦 哩呀)。

(佚名唱　唐保荣记)

倒接口*

（对山歌）

1=B　　　　　　　　　　　　　　　　　上海南汇

慢速 ♩=60

侬姓啥? 我姓黄, 啥格黄? 草头黄。啥格草? 青草, 啥格青? 碧莲青, 啥格碧? 毛笔[①], 啥格毛? 羊毛, 啥格羊? 山羊, 啥格山? 高山, 啥格高? 年糕[②], 啥格年? 一九八四年[③]

---

*此曲为两个儿童一问一答,对唱形式。因问者从第三句开始是改为接唱答者词组中的第一个"草"字的,故称倒接口。

①笔:是碧的谐音字。
②糕:是高的谐音字。
③一九八四年:可根据年份的不同改词。

(康凯唱　谈敬德记)

对 花

浙江安吉

1=D
中速

4/4 1 1 2 3 2 1 | 3 2 3 2 1 1 0 | 3/4 3 3 2 1 3 2 |
1.什么 开花（哎嗨）满天（哎嗨）星（哎）？ 什么（的）开花（哎）
2.草籽 开花（哎嗨）满天（哎嗨）星（哎）， 萝卜 开花（哎）

4/4 1 1 2 1 5 6 6 0 | 3/4 1 1 6 1 2 1 | 4/4 6 5 6 1 1 0 |
白如 银（哎）？ 什么（的）花开 黄如 金（啊）？
白如 银（哎）， 油菜（的）花开 黄如 金（啊），

2/4 2 2 1 6 2 | 4/4 1 2 1 6 5 5 0 | 2/4 6 1 6 6 1 6 |
什么（的）花（开）黑良（哎嗨）心（哎）？ 金对子， 银对子，
蚕豆（的）花（开）黑良（哎嗨）心（哎）。

3/4 3 3 2 3 2 3 3 | 1 1 2 1 | 4/4 6 5 6 1 - - ‖
对 不 过 来 是 我 的 小（哎）儿 子， （哇 哎）！

（佚名唱 詹轲媛记）

打大麦*

上海南汇

1=B 2/4
慢速 ♩=60

6 6 6 5 | 3 5 ⁵3 | 6 5 6 5 | 5 3 5 ⁵3 | 5 6 5 | 5 6 5 0 ‖
一撸抹， 两撸抹， 三撸开始 打大 麦，劈劈啪，劈劈啦。

（康凯唱 谈敬德记）

---

*此为儿童游戏歌曲。甲乙两名儿童面对面，唱"一撸抹"，甲儿双手合掌，乙儿双手撸抹甲儿双手（自手背抹到指尖），唱"二撸抹"时反过来由甲儿撸抹乙儿，唱"三撸开始"时再反过来撸抹，然后各拍一掌，再相互对拍（左掌拍对方右掌，右掌拍对方左掌），如此反复拍打。

小 猫

1=D 2/4

安详地

5· 3 5· 3 | 2 3 2 | 5· 3 5· 3 |
喵　喵　　小 猫 叫，喵　喵

2 3 2 | 1 1 2 3 | 2 - | 5 3 2 3 | 1 - ‖
小 猫 叫，小 猫 要 吃 鱼，我 来 喂 喂 你。

(佚名词曲)

白 胖 鸭

1=D 2/4

5 0 3 0 | 5 0 3 0 | 5 4 3 | 2 - | 4 2 0 | 4 2 0 |
呷，呷，呷，呷，白 胖 鸭，　一 摇，一 摆，

4 3 2 | 1 - | 5 3 | 5 3 |
回 到 家，　站 在 院 里

5 4 3 | 2 - | 4 2 | 4 2 | 4 3 2 | 1 - ‖
叫 妈 妈，妈 妈 妈 妈 我 回 来 啦。

(佚名词曲)

小 白 菜

河北

1=♭A 3/4

5 3 3 | 2 - - | 5 5 3 5 2 | 1 - - | 1 3 2 | 6̣ - - |
小 白 菜 呀，地 里 黄 呀，三 两 岁 呀，

没了娘呀，　　　亲娘呀，　亲　娘　呀！

（章枚记谱）

蒲公英

1=♭A 3/4
中速

草地上　风儿吹，蒲公英　打瞌睡，梦见怀里小宝宝，变成伞兵满天飞。

（金月苓曲）

海宁景致有名望*

1=♭B 2/4

浙江海宁

敲起小锣当当响呀　海宁景致有名望，
八月十八看江潮，人山呀人海好呀末好热闹。
只见那海鸥翱翔迎浪飞，潮头浪浪冲云霄，

| 1 1̲6̲ 3̲·5̲ | 1̲2̲ 3 | 3̲1̲ 2̲0̲ | 1·̲ 2̲ 1̲6̲ | 1̲6̲ 3̲·5̲ |

惊涛 骇 浪呀 多澎湃,好似那 千军 万马

| 1̲ 2̲1̲ 6̣ | 3·̲ 5̲ 3̲2̲ | 1·̲ 6̲ 5̲1̲ | 6̣ 3·̲ 2̲ | 1̲ 2̲ 3 |

上 战 场。海 宁 观 潮 千 古 美 名,伟 大 祖 国 呀

慢

| 5·̲ 3̲ 2̲ 1 | 3·̲ 2̲ 1̲ 6̣ | 3̲5̲ 2 | 1̲ 2̲ | 6̣ — ‖

锦 绣 河 山 锦 绣 河 山 多 辉 呀 煌。

*此曲源自海宁市小学音乐乡土教材。　　　　　　　　　（朱昌平唱　曹先谋记）

后 记

江南民间儿歌是江南地区民间传统文化的一部分，凝聚了江南劳动人民的集体智慧。如何承继优秀民间传统文化，如何加强该地区儿童的文化身份认同，如何让民间儿歌中的优秀部分得以显现，这些问题都需要我们思考并付诸行动。"致知在格物，物格而后知至。"因此，我们对江南民间儿歌在儿童教育中的价值进行梳理、挖掘，希望儿童能通过优秀民间儿歌获得滋养。

《国家中长期教育改革和发展规划纲要(2010—2020年)》指出，要关心和支持特殊教育，提高残疾学生的综合素质，注重潜能开发和缺陷补偿，培养残疾学生积极面对人生、全面融入社会的意识和自尊、自信、自立、自强的精神。因此，本书对江南民间儿歌之于儿童教育的价值的研究，涵盖了正常儿童与特殊儿童，第五章从特殊儿童视角挖掘江南民间儿歌的特殊功能与意义，以更加包容开放的姿态诠释江南民间儿歌的价值，让特殊儿童同样能汲取民间传统文化的精髓。这也是本书独特的地方。

手捧拙作，思绪万千。研究与写作的过程是艰辛的，无数个日子，我们潜身于图书馆，奔走在城乡，搜集文献、整理资料，穿梭于幼儿园、特殊教育机构，收集案例，指导教学。追忆过往，充满感激，本书的研究与写作得到了浙江特殊教育职业学院领导的大力支持，得到了众多师长、朋友、同事的关心，他们提供了无私的指导性意见。

本书由李桂枝(浙江特殊教育职业学院副教授)策划、设计框架结构，并负责第一章、第三章、第五章及最终统稿，李成(浙江师范大学教授)负责第二章，叶小红(浙江师范大学幼儿教育集团第一幼儿园园长)负责第四章。

最后感谢浙江省盲人学校杜洪，浙江特殊教育职业学院毕业生潘克勤(浙江康复医疗中心)、揭晓(杭州杨凌子学校)、倪明荷(台州市路桥区启智学校)等老师的大力支持，他们提供了大量的实践教学案例，为本研究的开展奠定了扎实的实践基础。

李桂枝
2021年4月29日于杭州